ヒラケ！
ニッコーナス・
タイカン・
ジャーニー！

JN007501

come on!

#寺ねこ　》P.117

#石蔵カフェ　》P.110

#牧場の恵み　》P.94

#黒磯 #カフェ　》P.29

天然氷の
ふわふわかき氷♪

#日光天然氷 #かき氷 ≫P.18

街も高原もおいしいものいっぱい！

チーズケーキ、乙女牛、餃子。

(右から)「チーズガーデン那須本店」のチーズバンデュはしっとりとろ〜り(≫P.80)、異国情緒漂う「道の駅 うつのみや ろまんちっく村」(≫P.114)、
昭和レトロな雰囲気が心地いい「日光珈琲 玉藻小路」のふわとろオムライス(≫P.44)、日光の表参道散策なら「日光ぷりん亭」でひと休み(≫P.41)

極彩色のきらめきは、
この目で確かめてみたい。

#世界遺産 #陽明門 ≫P.34

（右から）大谷石の石蔵レストラン「Bistrante bonheur」(❷P.111)、大谷石のグッズがそろう「ROCKSIDE MARKET」(❷P.23)、「那須ジャージー農場」で高原スイーツを(❷P.82)、料理に施された細工が美しい「象の家」のタイ料理(❷P.111)、「フィンランドの森 チーズ工房 メッツァネイト」のチーズ(❷P.81)

赤や黄色や朱色や緑、色さまざま。

#日光名物 #紅葉 #霧降滝　❷P.62

さあ、明日は
何に出会えるかな。

#中禅寺湖 #トワイライト　≫P.67

（右から）宇都宮の夜はライトアップされる大谷石造りの「カトリック松が峰教会」を眺めたり（≫付録P.15）、おしゃれ創作餃子でカンパイ「365 GYOZABAR 西口店」（≫P.106）、美しいカクテルを楽しもう「BAR YAMANOI」（≫P.112）、那須高原ならチーズグルメで「フィンランドの森 チーズ工房 メッツァネイト」（≫P.81）

056 |

115 |

039 |

032 |

026 |

085 |

114 |

042 |

016 NIKKO & NASU MAKE ME HAPPY
いま、日光＆那須 宇都宮でハッピーになれること

What do you feel like doing?

Nikko
和と緑と EDO を感じて

081 |

044 |

025 |

048 |

106 |

114 |

083 |

088 |

Utsunomiya

餃子にロックオン！

Nasu

高原のめぐみ、そろってます

B-side

Cat

Welcome to Nikko!!

| icon | 📞 電話番号　休 休業日　⏰ 営業時間　¥ 料金　📍 所在地
🚉 アクセス　🅿 駐車場　MAP 地図掲載ページ　🅡 予約がおすすめ |

※本書のご利用にあたりましては、P.126(本書ご利用にあたって)をご確認ください。

#茶臼岳 #雲海

📍 国立公園那須ロープウェイ ≫ P.96

#花のじゅうたん #ケイトウ

📍 那須フラワーワールド ≫ P.104

#露天風呂 #高原リゾート

📍 THE KEY HIGHLAND NASU ≫ P.102

#赤い欄干 #神橋

📍 日光山内 ≫ P.32

WELCOME TO
Nikko 日光
Nasu 那須
Get Ready!
Utsunomiya 宇都宮

#とろとろチーズ #那須高原

📍 チーズガーデン那須本店 ≫ P.80

#神々しい #千手観音

📍 日光山輪王寺 ≫ P.37

#神秘的 #地下空間

📍 大谷資料館 ≫ P.22

#高原野菜 #那須のめぐみ

📍 Ours Dining ≫ P.84

〖 宇都宮 〗

宇都宮餃子 ≫ P.108

ソウルフード
食べずには帰れない!? 栃木グルメの代表格。老舗で王道の味もよし、餃子テーマパークで食べ比べもよし。おひとりさま女子も堂々とGO！

大谷資料館 ≫ P.23

ミステリアス
大谷石の地下採掘跡跡は、まるで古代遺跡やRPGの世界のよう。映画のロケにも使われている不思議ワールドで、アートな写真を撮ってみよう。

〖 那須 〗

那須どうぶつ王国 ≫ P.92
一日楽しめる
大迫力のショーと、のんびり暮らす動物たちとのふれあいに癒される♡

チーズグルメ ≫ P.80
牧場の恵み
ミルクのコクと、とろ〜りな見た目がたまらない！スイーツも充実。

黒磯 ≫ P.28
旧宿場町
那須を代表するおしゃれタウン。"伝説のカフェ"でまったりタイム♪

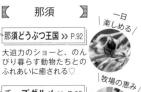

〖 日光 〗

日光東照宮 ≫ P.33
世界遺産
徳川家康を祀る神社。陽明門や三猿、眠り猫など見どころが目白押し！

表参道 ≫ P.40
ゆるい坂道
JR・東武日光駅から東照宮へ続く街道は、湯波料理やみやげ物の店がズラリ。

中禅寺湖 ≫ P.67
神秘的な青
日本一標高の高い湖。透明度の高い湖面がフォトジェニック！

PICK UP!

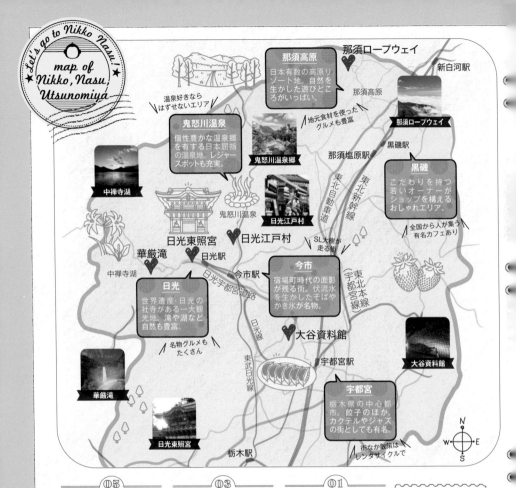

那須ロープウェイ

新白河駅

那須高原
日本有数の高原リゾート地。自然を生かした遊びどころがいっぱい。

那須高原

那須ロープウェイ

黒磯駅

温泉好きなら
はずせないエリア

↑ 地元食材を使った
グルメも豊富

鬼怒川温泉
個性豊かな温泉郷を有する日本屈指の温泉地。レジャースポットも充実。

鬼怒川温泉郷

那須塩原駅

黒磯
こだわりを持つ若いオーナーがショップを構えるおしゃれエリア。

東北自動車道

東北新幹線

↑ 全国から人が集う
有名カフェあり

中禅寺湖

鬼怒川温泉

日光江戸村

日光東照宮　日光江戸村

SL大樹が
走る街

日光駅

中禅寺湖

今市
宿場町時代の面影が残る街。伏流水を生かしたそばやかき氷が名物。

宇都宮線
東北本線

華厳滝

日光宇都宮道路

今市駅

日光線

日光
世界遺産・日光の社寺がある一大観光地。滝や湖など自然も豊富。

大谷資料館

↑ 名物グルメも
たくさん

東武日光線

宇都宮駅

大谷資料館

華厳滝

宇都宮
栃木県の中心都市。餃子のほか、カクテルやジャズの街としても有名。

日光東照宮

栃木駅

街なか散策は
レンタサイクルで

N W E S

05
**日光・那須の施設の多くは
17時には閉まる**

JR・東武日光駅周辺や表参道は多くの店でにぎわうが、閉店時間が早く、夕方までという飲食店も少なくない。那須高原エリアも同様なので要注意！

03
**日光市街は
バスと徒歩で**

東照宮までは、駅から散策がてら徒歩で行くか、社寺の見どころをめぐる巡回バスで。中禅寺湖・奥日光方面へは、バスが毎時1～5便出ている。

01
**日光東照宮の陽明門は
マスト**

4年におよぶ平成の大修理を経て修復された、東照宮のシンボル。500体を超える彫刻や、鮮やかな彩色が見事。時間をかけて見学したい。

旅のキホン

移動の基本は鉄道とバス。日光、鬼怒川、那須、塩原は各エリア内で使えるバスのフリーパスもあるので活用しよう。高原エリアのバスは冬季運休の区間があるので注意を。

06
**エリア間の移動は
公共交通機関でもOK**

日光・那須の主要エリアの交通の起点は、日光駅・鬼怒川温泉駅・那須塩原駅・黒磯駅など鉄道がほとんど。JRまたは東武鉄道線を活用しよう。

04
**那須高原は
クルマが便利**

那須高原のレジャースポットは、遊園地やアニマルパーク、美術館など広大な敷地を有するものが多い。高原ドライブを楽しみながらめぐろう。

02
**日帰りor1泊2日で
気軽に行ける**

日光・鬼怒川方面へは、新宿駅・浅草駅から特急で約2時間。駅周辺に観光スポットが集まり、日帰りでも楽しめる。温泉で1泊するのもおすすめ。

Have a Nice Trip!

旅立つ前に知っておきたい

TOPICS

Nikko Nasu Utsunomiya

---

stay

リーズナブルに泊まるなら宇都宮

低価格で泊まれるビジネスホテルは、日光・那須よりも宇都宮市街のほうが多く、宇都宮駅の徒歩圏内にも多数。日光駅〜宇都宮駅間はJR日光線で約45分。旅の選択肢のひとつに。

---

eat

日光天然氷のかき氷は通年食べられる？

口当たりの良い天然氷を使ったかき氷のお店が多い日光エリア。しかし、天然氷はその年の気候によってできる量が変動するので、通年食べられないことも。事前にお店に確認してから出かけよう。

---

stay

温泉宿に泊まるなら鬼怒川・那須高原

鬼怒川エリアは、川沿いに宿が建ち並ぶ一大温泉郷。湯西川や奥鬼怒など、場所によって温泉の効能が異なる。栃木県で最古の温泉地・那須温泉には、贅沢ステイがかなう優雅な宿や、森に抱かれるおこもり宿などが多彩。

---

eat

宇都宮餃子の食べ比べなら「来らっせ」が便利

宇都宮餃子加盟店の餃子を食べ比べできる、餃子のテーマパーク「来らっせ」。名店5店舗が並ぶ常設店舗ゾーンのほか、曜日ごとに顔ぶれが変わる日替わり店舗ゾーンに10店舗が登場する。めざせ全制覇!?

---

plan

ベストシーズンは新緑と紅葉の季節

いろは坂や華厳ノ滝、茶臼岳など、各地で紅葉が楽しめる10〜11月がもっとも人気。混雑を避けてゆっくり過ごすなら、花と緑が美しい4〜5月の高原エリアがおすすめ。

---

stay

日光市街にはゲストハウスも増加中

JR・東武日光駅周辺に急増しているゲストハウス。古民家を改装したものも多く、日本らしい雰囲気とリーズナブルな価格で、外国人観光客を中心に人気が高い。アットホームでディープなふれあいが楽しめる。

---

shop

日光のおみやげ探しは表参道や東武日光駅前で

東武日光駅前や、そこから日光東照宮へと続く表参道には、湯波や日光羊羹の老舗、雑貨のセレクトショップなどが軒を連ねる。スイーツ店なども続々オープン中の一大おみやげアベニューで、お気に入りを見つけよう。

---

caution

冬季は臨時休業になるお店が多いので要注意

標高の高い奥日光や那須高原エリアでは、12月から2月頃にかけて長期で休業する店も少なくない。おでかけ前に確認するのがベター。

冬季休業

---

fashion

日光・那須の冬は氷点下になることも

戦場ヶ原や湯元温泉のある奥日光、那須高原などの山間部は、12〜3月の平均気温がマイナス1〜5℃ほど。日光の社寺周辺でも最低気温が0℃を下回ることがあるので、防寒は万全に。車のチェーンなど、積雪や凍結にも備えておこう。

---

shop

那須のおみやげ探しは「道の駅」が便利

那須ICから一番近い道の駅・那須高原友愛の森は、地場の物産や工芸品の発信地で、那須ブランド限定品などが豊富にそろう。ほかにも那須高原周辺には道の駅がいくつもあり、地元の特産品や高原野菜などを販売している。

---

route

秋のいろは坂は大渋滞早めの移動を

絶景ドライブスポットとして大人気のいろは坂。特に紅葉シーズンは渋滞必至で、休日は日光駅から中禅寺湖まで、通常35分ほどのところが2時間以上かかることも。混雑する昼間は避け、早い時間に坂を抜けたい。

山間部は雪景色　　各地で紅葉が見ごろ　　高原のベストシーズン　　赤・白・黄の花の競演

3月	2月	1月	12月	11月	10月	9月	8月	7月	6月	5月	4月

四季の花

日光・那須ならではの景色を見に行こう

雄大な自然が広がる

冬景色（戦場ヶ原）

初夏や秋はハイキング客で賑わう戦場ヶ原。冬は雪と氷に包まれた静寂の世界が広がる。

約50種類、400万輪が咲き誇る。リフトから見下ろすユリのじゅうたんは圧巻。

ユリ（ハンターマウンテンゆりパーク）

紅葉（華厳ノ滝、いろは坂）

紅葉（茶臼岳、戦場ヶ原）

紅葉（那須高原）

サルビア（那須フラワーワールド）

紅葉（龍王峡）

ひまわり（道の駅 明治の森・黒磯）

ホザキシモツケ（戦場ヶ原）

約23ha一面に約20万本のつつじが咲き、鮮やかな花景色と香りが楽しめる。

クリンソウ（千手ヶ浜）

ミズバショウ（那須塩原市箱の森プレイパーク）

ワタスゲ（戦場ヶ原）

ニッコウキスゲ（霧降高原）

シバザクラ（日光市滝見公園）

つつじ（八幡ツツジ群落地）

カタクリ（鬼怒川公園）

水仙（マウントジーンズ那須）

菜の花（道の駅 明治の森・黒磯）

ぼたん（妙雲寺）

日の出

6:11	6:43	**6:52**	6:34	6:04	5:36	5:12	4:47	4:26	**4:23**	4:47	5:26

日の入

17:35	17:05	16:35	**16:25**	16:44	17:24	18:09	19:03	**19:03**	18:53	18:29	18:03

平均気温

日光（今市）

那須高原

°C

	3月	2月	1月	12月	11月	10月	9月	8月	7月	6月	5月	4月
日光（今市）	4.7	2.0	-0.6	3.0	8.2	14.1	19.8	23.4	22.4	18.8	15.3	10.2
那須高原		-1.3	-1.7	1.1	6.4	11.8	17.3	21.0	20.2	16.4	13.0	7.8

25 20 15 10 5 0 -5

3月	2月	1月	12月	11月	10月	9月	8月	7月	6月	5月	4月

標高の高い奥日光や那須高原は積雪が多い。靴下の替えがあると◎

紅葉シーズン以降は冷え込み、11月頃からはコートが必要。

雨や雷が多く、朝晩の寒暖差も大きい。はおり物を1枚以上用意して。

日光市街は3月、山間部は4月頃まで日中も冷え込む。コートがマスト。

季節のイベント

11月
第1土・日曜●宇都宮城址公園
宇都宮餃子祭り

下旬●日光だいや川公園ほか
日光そばまつり

1～3月
1月下旬～3月上旬●平家の里ほか
湯西川温泉 かまくら祭

2月
上旬●奥日光湯元温泉広場
湯ノ湖湖畔広場
スノーファンタジア
（全日氷彫刻日光大会）

上旬●日光湯元
ビジターセンター横草地
湯元温泉の雪灯里～ゆきあかり～

9～10月
9月下旬～10月上旬●鬼怒川公園
月あかり「花回廊」

9～11月
9月中旬～11月下旬●
二荒山神社
日光良い縁まつり

10月
16・17日●日光東照宮
秋季大祭

11月
上旬●日光東照宮・日光山輪王寺・二荒山神社
ライトアップ日光

7月
下旬●龍王峡ほか
龍王祭

7～8月
7月下旬～8月上旬●湯西川温泉街
湯西川温泉心かわあかり

7～8月
7月31日～8月7日●
二荒山神社中宮祠
男体山登拝講社大祭

7・8月●那須高原りんどう湖ファミリー牧場
りんどう湖花火大会

8月
中旬～下旬●平家の里
オーロラファンタジー

4月
13～17日●二荒山神社
弥生祭

5月
●オリオンスクエア
宇都宮カクテルカーニバル

17・18日●日光東照宮
春季例大祭

第1土・日曜●湯西川温泉街
平家大祭

6月

7月
中旬～下旬●湯西川温泉街
竹の宵まつり

※日の出・日の入は宇都宮の2024年各月1日の予想データ（出典：国立天文台）、平均気温は1991～2020年の今市および那須高原の平均データ（出典：気象庁）です。※イベントの情報は2023年12月現在のものです。日時の変更・中止の場合がありますので、事前にご確認ください。

Nikko 日光
Nasu 那須
Utsunomiya 宇都宮

1泊2日 日光＋那須＋宇都宮をセレクト！ Let's Go!

日光・那須 イイトコドリ PLAN

日光をメインにどこをめぐる？ おでかけ前にプランニングのヒントをチェック！

1日目 まずは日光をたっぷり満喫！

POINT
駅から日光山内まではゆるやかな上り坂。散策がてら歩くのもよし、バスを利用するのもよい。

9：30 東武日光駅 着

Hello

ハート板に願いをこめて♥

10：00 日光山内、まずは日光東照宮から

Cool!

二荒山神社 P.36

日光山輪王寺 三仏堂 >> P.37

三猿 P.33

日光東照宮 陽明門 >> P.34

Lunch!

12：00 日光名物、湯波ランチ

日光では湯葉じゃなくて湯波なのです

日光湯波巻き 全[ZEN] >> P.46

日光山内は緩やかな斜面に社寺が点在しているので、歩きやすい靴がおすすめ。歩き疲れたらカフェで休もう

13：30 レトロ建築で優雅な午後

かわいい回転ドア！

日光金谷ホテル >> P.58

Retro...

日光田母沢御用邸記念公園 >> P.60

15：00 表参道で食べ歩き

Sweet♥

着物で表参道を散策するのもいいね

表参道 >> P.40

good night!

三福茶屋 >> P.41

この「神橋」から日光郷土センターまでの間が表参道。ゆるやかな坂道の両側に、ちょい食べグルメやおみやげが勢ぞろい！

日光の宿に宿泊

2日目からは 奥日光・宇都宮 那須高原 をチョイス！

日光ぷりん亭 >> P.41

赤い欄干の神橋が日光山内入口のシンボル

⑭

10:00 華厳滝と中禅寺湖の壮大な風景に圧倒！

大パノラマってこういうこと

明智平展望台 》 P.66

POINT
奥日光へはバスでアクセスできる。今市に行くなら東武線、宇都宮市街地へは乗り換えなしで行けるJRが便利

【2日目】
【プラン1】

Trattoria Gigli 》 P.51

ヤシオマスってなに？

Lunch!

12:00 日光の地産ランチに舌鼓

Powerful Gyoza!

14:00 今市の玉藻小路を散策

玉藻小路
Tamamo Alley

玉藻小路 》 P.44

GYOZA

まるで映画の世界にいるみたい

DELICIOUS

奥日光から宇都宮へGO！

日光の自然を満喫して、宇都宮餃子で締める！

16:00 餃子の街・宇都宮で食べ歩き

18:00 宇都宮はBARがオモシロイ♪

yummy!

JR宇都宮駅

BAR YAMANOI 》 P.112

餃天堂 シンボルロード店 》 P.109

9:00 宿を出発
レンタカーで那須高原へ

雲海にダイブ！

POINT
那須高原へは、レンタカーの利用が便利。日光駅前で借りて那須塩原駅で乗り捨てするとスムーズ

【2日目】
【プラン2】

10:30 那須ロープウェイで雲海ハント！

チーズガーデン那須本店 》 P.80

国立公園那須ロープウェイ 》 P.96

Lunch!

12:00 高原の恵み、チーズグルメを満喫

チーズケーキ工房 MANIWA FARM 》 P.82

13:30 動物たちとふれあいタイム

アルパカだって走ります！

那須の高原の恵みに触れる旅

爽やかな高原で、動物とふれあいチーズにまみれる！

15:00 カフェの街・黒磯さんぽ

なまけてるわけではアリマセ〜ンっ！

那須どうぶつ王国 》 P.92

1988 CAFE SHOZO 》 P.28

JR那須塩原駅

Nikko &
Nasu
make me
Happy

いま、日光＆那須 宇都宮で
ハッピーになれること

那須フラワーワールド　なすフラワーワールド
▶ P.104

旅先で見つけた
レインボーカラーは、
シアワセを
運んでくれます。

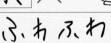

Why キーンとしない??

氷の温度をマイナス1〜マイナス2℃に溶かしておくことで、まろやかな口当たりに。冷たいまま削ると頭がキーンとする原因になるんだとか!

Best! -1〜-2℃

ひんやりスイーツ

天然氷 × ふわふわ 日光のかき氷

全国にある天然氷の氷室5軒のうち3軒が日光に集まっているのはご存じ?地元では当たり前の天然氷。じっくり冷やし固めた氷は驚くほど硬く、澄んでいる。そんな極上の氷を使ったかき氷を心ゆくまで召し上がれ♪

かき氷大好きモデル
Marin Takayanagi

いろんな味のかき氷があるからどれを食べるか迷っちゃう!

POINT
とろとろホイップ

かき氷データ

松月氷室

明治27 (1894) 年創業の老舗。水源の違う2つの採氷地と氷室を持っている

販売	通年
ふわふわ度	❄❄❄
種類	30種類以上

白玉がやわらかい「宇治金時」¥1,210

Fuwa Fuwa

POINT
生いちごソース

松月氷室 しょうげつひむろ

蔵元である松月氷室の直営店。果汁入りのフルーツかき氷や、きな粉などの和風バージョンなど、種類が豊富なのがうれしい。どれにしようか迷ったときはハーフ&ハーフの組み合わせがベスト!

今市 ▶MAP付録 P.9 B-3
☎0288-21-0162
🕐月曜 11:00〜17:00(季節により短縮あり) ♥日光市今市379 🚃JR今市駅から徒歩6分 🅿30台

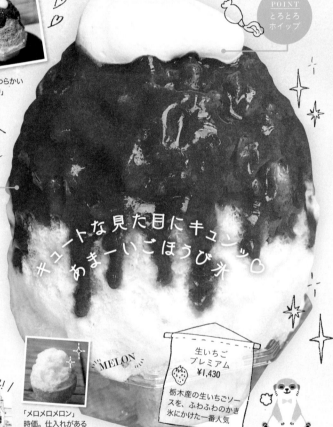

キュートな見た目にキュン♡ あま〜いごほうび氷♡

MELON

Cool!

「メロメロメロン」時価。仕入れがあるときのみの幻の一杯!

生いちごプレミアム ¥1,430

栃木産の生いちごソースを、ふわふわのかき氷にかけた一番人気

やっぱり王道は
イチゴでしょっ♪

So Cold!

プレミアム
生イチゴミルク
¥1,000
期間限定・数量限定の
フレッシュイチゴを使っ
たスペシャルなかき氷

BLUE
BERRY

POINT
季節の
生イチゴ

栃木県産を使用
した「ブルーベリ
ー」¥800

チロリン村 CAFÉ OWL

チロリンむらカフェアウル

7〜8月は1時間以上待つこともあるという、霧降高原のレジャー施設チロリン村内にあるカフェ。地元産フルーツを使った手作りシロップのやさしい甘みに癒やされよう。

霧降高原 **MAP** 付録 P.4 B-2
☎0288-53-2877 休火曜（臨時休あり）4月下旬〜11月3日、10:00〜16:00 日光市所野1535-227 JR・東武日光駅から東武バス霧降高原または大笹牧場行きで15分、隠れ三滝入口下車、徒歩5分 P50台

♪ かき氷データ

四代目氷屋徳次郎

創業100年以上の吉新氷室の三代目から2006年に受け継いだ四代目徳次郎による氷室

販売	4月下旬〜11月3日
ふわふわ度	❄❄
種類	9種類以上

POINT
イチゴ
果肉

Yummy

日光さかえや

にっこうさかえや

「揚げゆばまんじゅう」が評判の同店は昭和33（1958）年創業。行列ができることもしばしばあり、夏になれば冷たいかき氷とアツアツの「揚げゆばまんじゅう」を交互に楽しむ人も。

日光駅周辺 **MAP** 付録 P.7 C-3
☎0288-54-1528 休不定休 9:30〜18:00（12〜3月は〜17:30）日光市松原町10-1 東武日光駅からすぐ Pなし

自家製豆乳シロップと
コロコロのイチゴ！

YUBA
揚げゆばまんじゅう
湯波と豆乳を練り込んだサクッとした食感。¥250

♪ かき氷データ

三ツ星氷室

明治10（1877）年ごろ創業。直営店はなく、地元や首都圏の卸売がメインの氷室

販売	通年
ふわふわ度	❄❄
種類	2種類

日光産
いちごかき氷
¥1300
日光ストロベリーパークのイチゴ果肉がどっさり！
（4〜10月のみ販売）

那須の自然に抱かれて

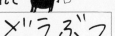

南ヶ丘牧場 × どうぶつ
のんびりまきばタイム

那須高原南ヶ丘牧場の広報ガール
Nao Yoshinari

動物と触れ合った後は、お楽しみのまきばグルメ♥
の〜んびりと自然に癒やされる一日を過ごそう。

Let's enjoy
MAKIBA TIME

目の前は広大な放牧地
ガーンジィ牛に会いに行こう♪

那須高原にはいくつかの観光牧場が点在している。そのなかでも草分け的存在が、ここ「那須高原南ヶ丘牧場」。さわやかな風が吹き渡る高原の大自然のなかで、動物たちと一緒に遊んだり園内散策をしたあとは牧場グルメやこだわりのソフトクリームに舌鼓♪

ここから入るよ！

牧場スイーツ♥
やっぱ、コレでしょ

那須高原 南ヶ丘牧場
なすこうげんみなみがおかぼくじょう

那須岳の麓、標高700mに広がる観光牧場。憩いの小道を散策しながら牛の放牧を眺めたり、ふれあい広場でヤギや羊にエサをあげたり。乗馬やアーチェリーなどのアクティビティも人気がある。

那須湯本 ▶ MAP 付録 P.10 B-2

☎0287-76-2150 休無休 ＋8:00〜17:30
¥入場無料 ♀那須町湯本579 ❚JR黒磯駅から
関東自動車バス那須湯本方面行きで23分、一軒茶屋下車、徒歩15分 P400台

MAP

さかな釣り　アーチェリー

お食事処
庄屋

バイカル
（手づくり体験）

うさんぽ広場

ゲート

めぇ〜めぇ〜広場

乗馬場

放牧場

牧場売店

ミルク茶屋

ロバ乗り場

のんびりまきばタイム

NIKKO & NASU MAKE ME HAPPY

Mooooo...

MINAMIGAOKA DIARY

メェ〜♪
ヤギさん、こんにちは

Hello!!

馬に乗って見る
景色サイコー!!

ガーンジィ牛って？
飼育が難しい希少種。
ミルクはクリーミーでコ
クがあるのに、すっきり
とした味わい。

ガーンジィミルクを味わう

ガーンジィ
ゴールデンミルク

ガーンジィゴールデン
コーヒー牛乳
¥690
黄味がかった色が特徴。
クセが少なく飲みやすい

Sweet♪

バニラ
ソフトクリーム
¥450
独自の配合で作
る、濃厚でクリー
ミーな味わい

OMIYAGE Time が楽しい♪

げんき
ぬいぐるみ
¥800

ぬるチーズ
各¥600
パンに塗るほ
か、パスタやお
料理にも使える

南ヶ丘牧場の
人気者

がーんじぃろう
ぬいぐるみ
¥800

自家製チーズケーキ ¥1,650
濃厚チーズとほんのり香る
さわやかなレモン風味

good!

シュトーレン
¥1,750
バターとドライフ
ルーツをたっぷり
使用

Gourmet

お食事処 庄屋　おしょくじどころしょうや

昔の庄屋の家を移築。自家製ビーフ
カレーのほか、デザートなども楽しめる

🕐8:00〜17:00（ランチ11:00〜17:00）
¥自家製ビーフカレー1,000円

じっくり煮込ん
だガーンジィ牛
がほろりとしたく
ちどけ。テイク
アウト¥850

どうぶつと触れ合う♥

Lovely♥

めぇ〜めぇ〜広場

Cute

ヤギや羊たちと身近にふれあうことができ
る。エサあげもOK
¥広場入場料¥250（エサ代別途）

うさんぽ広場

リード付きのうさぎと一緒に散歩をしよう。
だっこもできる
¥ふれあい料金¥500（1羽15分）

横波が入っている壁面が手掘り。縦の筋が付いているのが機械掘りだ。見比べてみるのもおもしろい

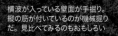

魅惑のリアルダンジョン

地下 × ドキドキ
大谷資料館

非日常感たっぷり!!
深さ30ｍの地下空間で
驚きの体験を満喫して♪

地下空間に詳しい編集者
Sayaka Machi

+ Rock Museum +

「大谷石」とは、宇都宮市大谷町一帯で採掘される軽石凝灰岩のこと。なんと10億トンもの埋蔵量があると言われていて、町内には採石場が多数存在する。そのなかの「大谷資料館」は大正8（1919）年に採掘がスタート。現在、採掘は行われておらず、当時の面影そのままの坑内を見学できる。切り出された壁面や天井面は神秘そのもの！ いざ、未知なる空間の探検へレッツゴー♪

Silhouette!?

Only Winter

tips 石の華

大谷石に含まれる塩分が冬場だけ塩の結晶として壁に出現

大谷資料館
おおやしりょうかん

なんと広さ2万㎡にも及ぶ元採掘場。初めはツルハシを使った手掘りだったが、昭和34〜61(1956〜86)年の間は機械掘りに。坑内見学のほか、歴史資料などの展示も行われている。

大谷 ▶**MAP** 付録 P.14 A-2

☎028-652-1232 休無休(12〜3月は火曜、祝日の場合は翌日休) ⏰9:00〜16:30 (12〜3月は9:30〜16:00) 💰大人800円、小・中学生400円 📍宇都宮市大谷町909 🚌JR宇都宮駅から関東バス大谷・立岩行きで30分、資料館入口下車、徒歩5分 🅿350台

1.夏になると湿度で床面が濡れるので足元に気をつけて 2.ライトアップされているので影絵で楽しむことも 3.場所を確認するために使われた立坑 4.まるでRPGの世界のよう! 5.機械掘りの壁面。規則正しく掘られた跡が 6.映画のロケにもよく利用される 7.旧日本軍にも使用された。当時のススが天井を黒くしている 8.入口に行くと光が差し込む

ATTENTION‼
平均約8℃と寒いので特に夏場の服装は要注意

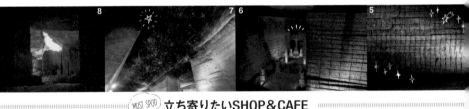

MUST SPOT! **立ち寄りたいSHOP&CAFE**

THE STANDARD BAKERS 大谷本店
ザスタンダードベーカーズおおやほんてん

栃木県産の食材を中心に、厳選素材を使ったこだわりのパンと食事が楽しめるベーカリー&レストラン。

那須の森のマルゲリータ ¥1,320
自家製の生地とチーズ工房「那須の森」のモッツァレラチーズを使ったこだわりマルゲリータ

ベイカーズバゲット ¥330
フランス産と国産の小麦を使った定番商品

クロワッサン ¥297
一番人気。バターの味わいがやみつきに

大谷 ▶**MAP** 付録 P.14 A-2

☎028-652-5588 休火曜 ⏰ベーカリー10:00〜17:00(土・日曜、祝日は8:30〜)、レストラン11:00〜17:00(土・日曜、祝日は8:30〜) 📍宇都宮市大谷町1159 🚌JR宇都宮駅から関東バス大谷・立岩行きで30分、大谷観音前下車すぐ 🅿市営大谷駐車場を利用

車で約5分!

ROCKSIDE MARKET
ロックサイドマーケット

大谷資料館敷地内のカフェ。テイクアウトのガレットやジェラートのほか、大谷石のおみやげなども多数そろう。

大谷石のコースター 各¥820
吸水性が高く便利。全6色がラインナップ

SWEET

ジェラートダブル ¥550
写真はイチゴとラムネ。さっぱりとして美味

大谷 ▶**MAP** 付録 P.14 A-2

☎028-688-8604 休無休(12〜3月は火曜、祝日の場合は翌日休) ⏰9:00〜17:00 📍宇都宮市大谷町909 大谷資料館敷地内 🚌JR宇都宮駅から関東バス大谷・立岩行きで30分、大谷資料館入口下車、徒歩7分 🅿大谷資料館駐車場を利用

資料館目の前!

那須連山をあおぐ森で2022年7月に誕生した「GOOD NEWS」。観光と農業、福祉を連携させた「持続可能なまちづくり」を目指し、カフェやスイーツショップ、アウトドアショップなど個性豊かな計13店舗を集めた。それぞれが森との共生というテーマのもと、自然にやさしい素材にこだわった商品をそろえている。心地よい森の空気を楽しみながらめぐってみて。

那須高原の"新しいマチ"

GOOD NEWS × 個性派ショップ で 那須の魅力を体感！

森との共生をテーマに "ステキ"をいっぱい詰めこんだ 魅力満載のまちへご案内！

那須が大好き編集者
Ryuichi Shimizu

那須みやげの定番がココに！

GOOD NEWS DAIRY

"まちの中心"となるエリア。那須ならではの食材を活かす工房やショップ計4店舗が軒を連ねる。人気のご当地みやげ「バターのいとこ」をはじめ那須の魅力満載。

ショップ

一度に3度の食感！
バターのいとこ

バターのいとこ

無脂肪乳を活かしたジャムをゴーフレット生地でサンドした那須銘菓「バターのいとこ」の本店。ふわっ・シャリッ・とろっの食感が楽しい。

併設のカフェ席でイートインできる

バターのいとこ
ミルク・チョコ各3枚入
¥972

GOOD NEWS
グッドニュース

「大きな食卓」をコンセプトに、多彩なショップが集結。「DIARY」と「NEIGHBORS」というエリアに分かれ、まるで町を散歩しているような気分で過ごせる。

那須高原 **MAP** 付録 P.12 B-3

⏰9:00～17:00 ※第2木曜 ※営業時間及び定休日は店舗により異なる場合がございます。最新の情報はアプリニュースや公式SNSをご確認ください。 📍那須町高久乙24-1 🚃JR那須塩原駅から関東自動車バス那須ロープウェイ行きで25分、田代小前下車すぐ 🅿専用駐車場あり ※1台500円、GOOD NEWSアプリで会員登録すると1台無料

ショップ

作りたてチーズを堪能！
那須の森モッツァレラチーズ工房

なすのもりモッツァレラチーズこうぼう

那須で育つ生乳によるチーズを手作りしている工房。製造過程で生まれるホエイを活かしたブラウンチーズやモッツァレラチーズを味わえる。

希少なブラウンスイス牛などの生乳を添加物不使用でコクのあるチーズに

ショップ

希少で芳醇な味わい
SOFTCREAM STAND

ソフトクリームスタンド

山奥でジャージー牛を放牧飼育している「森林ノ牧場」直営。のびのび育った牛から搾ったミルクを低温殺菌で濃厚ソフトクリームに。

ヨーグルトシェイク ¥700

ショップ

ふわっとひろがる甘さ
那須プリン ♪

なすプリン

那須の魅力を発信する老舗旅館「山水閣」提案の那須みやげ。少しかための昔ながらのプリンで、やさしい甘さと旨みがフワッと口の中に広がる。

知れば知るほどクセになる味わいです。

那須プリン
¥432

Special 4

24

那須初出店の県外店も！
GOOD NEWS NEIGHBORS

ウッドチップの遊歩道が整備されたエリア。素材の堆肥化など、環境問題にも取り組みながら上質な品を提供する計8店舗がならぶ。那須初出店のチョコ専門店も。

全店舗共有のテラス席でイートインも可。森を眺めながらおいしい時間を過ごしたい

いとこのドーナツ
シュガー、グレーズ、カカオ、シナモン 各¥270
いちご、抹茶 各¥330

ITOKO NO Donut

ショップ

Bean to Bar のチョコ
USHIO CHOCOLATL
ウシオチョコラトル

那須初出店。広島発のチョコレートメーカーで、世界各国の上質なカカオを自社焙煎、製造販売している。感動の味わいを試してみて。

ネクストホワイト
¥1,404

アグロフォレストリー栽培のカカオなど良質な素材のみを使用。商品ディスプレイにもびっくり

ショップ

ひとり立ちした大人気商品
いとこのドーナツ
いとこのドーナツ

「バターのいとこ」で人気商品だったドーナツを店舗化！定番6種類に加えて限定フレーバーがそろう。

ドーナツ型のライトが印象的な空間。バター精製の際に出るバターミルクで作るやさしい味わいのドーナツがならぶ

カフェ

焙煎所を兼ねたカフェ
ONIBUS COFFEE
オニバスコーヒー

バナナブレッド
¥528

都内にも6店舗を持つカフェ。香り高い浅煎りのスペシャルティコーヒーを中心に扱う。外カリカリ、中ふんわりのパウンドケーキが人気。

ショップ

新感覚カレーパン！
コナとスパイス
コナとスパイス

本格インドカレーを風味豊かなパン生地で包んだ「焼きカレーパン」が絶品。野菜でとるダシと11種のスパイスが効いて食べごたえも抜群だ。

辛メ
¥486

テイクアウト用で冷凍の「カレーパンBOX」もあります。

Other

ほかにもこんな素敵なお店があります

サロン
バーバーヒラヤマ ばーばーひらやま
環境問題にも取り組む黒磯発の理容室。アンティークチェアを設えた森のなかの一室で安らぎの時間を過ごせる。

ショップ
BROWN CHEESE BROTHER ブラウンチーズブラザー
ホエイを活用するために生まれた新感覚クッキーサンド「ブラウンチーズブラザー」が人気。カフェ席も完備。

ショップ
Norfolk Gallery by Dear,Folks&Flowers
ノーフォークギャラリーバイディアフォークスアンドフラワーズ
黒磯に本店を持つフラワーアートギャラリー。ロスフラワーに価値を生む活動を続けている。庭雑貨も素敵。

ショップ

旅を愛する人のための店
Purveyors NASU Branch
パーヴェイヤーズナスブランチ

群馬県桐生発。アウトドアギアやアパレルなど旅にまつわるもの、量販店にないものをセレクトしながら、訪れる人に豊かな旅を提案している。

旅先で使える作家ものの食器やライフスタイル雑貨もそろえている

リフレッシュにも最適♪

江戸ワンダーランド × コスプレで タイムトリップ!!

建物も行き交う人々も江戸、エド、EDO。どんな世界が待っているかな。

さあ、時空の旅へ出かけましょ♪

I'm an EDO GIRL

着物姿で、江戸の町をのんびり散策

時空

江戸ワンダーランドの風変わりな住人

Nyanmage

平凡な日常から抜け出したい。そんな欲望(?)をかなえてくれる、ここはまさに時空を超える"ワンダー"なテーマパーク。

さあ、関所をくぐってタイムトリップ。着物姿で橋を渡って町かへ。芝居小屋で観劇したら、茶屋でお団子でもいただきましょうか。もう気分は江戸人!

フォトスポット／両国橋
宿場町と城下町をつなぐ橋。町並みをバックに見返り美人になろう

フォトスポット／堀割端
屋形船が行き交う堀沿いは、庶民的なお店が建ち並ぶ

26

いざ、変身～！

変身処 -時空-
へんしんどころじくう

町娘や姫、女剣士など、江戸の人になりきって街歩きができる。季節限定の衣装もあり。花魁以外は予約不要。

■夏期9:00～16:00、冬期9:30～15:00 ¥メニューにより異なる

町娘になりた～い

現代人

Doki Doki

時空を超えた
出会いがあるかも

Waku Waku

かっこいいお侍さんに

きゃ～、かっこいい！

うっとり…♡

思わず振り返りたくなる、りりしいお侍さんとすれ違うことも

変身メニュー一例

※1週間前までに要予約

姫様　大奥　女剣士　花魁※

NIN NIN

わっ、どこから来たの!?

忍者参上！

忍者の里に迷い込んだら、目の前に突然忍者が現れるかも

おみやげで花魁に変身！
おいらん

花魁プレミアムフェイスパック
¥390
江戸ワンダーランドオリジナル。全3種類

/ So Cool ♥ /

MAP

侍修行館

南町奉行所
文化映像館
若松屋　花魁道中
水芸座
日本橋　せんべい焼き体験
地獄寺　火の見櫓
遊techシ場　化粧体験
忍者劇場　藍染
忍者仕掛迷路　屋形船
両国橋　江戸町火消資料館
江戸職業体験
忍者修行の館
旅籠屋
変身処 -時空-
恵比寿屋
関所
券売所
P
タクシー乗場
バス停

こんなハプニングも

お主、あやしい！

女鼠小僧を探している同心(役人)に声をかけられて…

間違えられて、お縄になっちゃいました

とほほ・・・

EDO WONDERLAND 日光江戸村
エドワンダーランドにっこうえどむら

入場ゲートの関所を抜けると、街道や宿場町、武家屋敷などが広がる江戸空間。ここでしか見られない芝居見物や江戸の文化体験などができる。

鬼怒川温泉 ▶MAP 付録 P.5 C-2

☎0288-77-1777 休水曜(祝日の場合、3月25日～4月7日・4月29日～5月5日・7月21日～8月31日・12月29日～1月5日は営業)、1月16日～31日 ■9:00～16:00(12月1日～3月19日は9:30～15:00) ¥通行手形(入場料)大人5800円、小人3000円 ◉日光市柄倉470-2 ♥東武線鬼怒川温泉駅から日光交通バス日光江戸村行きで22分、終点下車すぐ Ｐ2000台(有料)

お芝居見物にGO！

籠に乗って、芝居小屋へ

気を取り直して

ゆ～、きれい！

「紅庵」で化粧体験。紅花で作った口紅で、気分はウキウキ

すべてはアパートの2階から始まった

注目の街 × 黒磯

カフェブームの源流へ

日本のカフェブームの先駆けとも言われる伝説のカフェ。何度でも通いたくなります。

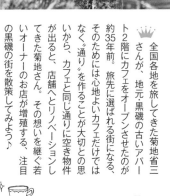

LOCAL's ADVICE

ARTS & CRAFT 静岡手創り市 スタッフ
Yasutake Takayama

全国各地を旅してきた菊地省三さんが、地元・黒磯の古いアパート2階にカフェをオープンさせたのが約35年前。旅先に選ばれる街になる、そのためには心地よいカフェだけではなく、カフェを作ることが大切との思いから、"通り"と同じ通りに空き物件が出ると、店舗へとリノベーションしてきた菊地さん。その想いを継ぐ若いオーナーのお店が増殖する、注目の黒磯の街を散策してみよう♪

黒磯の名を知らしめた
旅の目的地になるカフェ

1988 CAFE SHOZO
いちきゅうはちはちカフェショウゾウ

「どの席に座っても、来てくれた人がみんな平等に心地よい状態を作りたい」。そんな菊地さんの言葉どおり、何度来ても新しい発見や心地よい時間が過ごせるカフェ。古い建材を生かし、ひとつとして同じ椅子を使わないといった絶妙な空気感を求め、県外からも多くの人が訪れる。

黒磯 ▶MAP 付録 P.11 D-3
☎0287-63-9833 休不定休 ⏰11:00〜18:30 📍那須塩原市高砂町6-6 🚃JR黒磯駅から徒歩12分 🅿20台

1.シフォンケーキのケーキシエスタ 750円 2.廃材や古い建材を使い、2階建ての1階を自分たちで改装 3.ぬくもりの中に上品さがブレンドされた店内。長居できるやさしい雰囲気にあふれている

1.オシャレなレイアウトで商品が見やすい
2.オリジナルブランド「Shelf」のフィッシングバッグ
3.LUNETTESと山の道具屋は店内でつながっている

メイドインニッポンの服と
アウトドアギアがそろう

LUNETTES+山の道具屋
リュネッツプラスやまのどうぐや

天然素材の洋服をはじめとしたアパレルとアウトドア商品を扱う店。釣り歴20年のオーナーがこだわって仕入れる、ウルトラライトのギアを求めて遠方からやってくる客も多い。オーナー自らデザインしたオリジナルブランドも展開。

黒磯 ▶MAP 付録 P.11 D-3
☎0287-74-2405 休不定休 ⏰12:00〜18:00 📍那須塩原市豊町8-37 🚃JR黒磯駅から徒歩10分 🅿10台

1. カラフルな店内は、さまざまな花の香りに包まれている　2. 一輪挿しにちょうどいいアンティーク瓶なども扱っている　3. 異国情緒ただよう可愛らしい空間

DEAR,FOLKS&FLOWERS

花と花にまつわる雑貨の店
旅先で花を探して

3

ディアフォークスアンドフラワーズ

生花と花にまつわる雑貨を扱うセレクトショップで、暮らしに花を取り入れるアイデアがいっぱい。生花は一本ずつ切り売りで販売するほか、ドライフラワーに向いている花を多くそろえているので、おみやげにもおすすめ。

黒磯　MAP 付録 P.11 D-3

📞非公開　🈺不定休　🕚11:00～18:00　📍那須塩原市高砂町6-6　🚃JR黒磯駅から徒歩10分　🅿6台

Chus チャウス

那須の魅力を発信する
黒磯の交流拠点

4

那須の生産者から届く農作物や加工品を扱うマルシェ、ダイニング、宿まである複合施設で、朝市から発展して生まれた人と人との交流拠点。「大きな食卓を囲む」をコンセプトに、那須の食と地域の魅力を発信する。

黒磯　MAP 付録 P.11 D-3

📞0287-74-5156　🈺第2木曜　🍴ランチ11:30～15:00、カフェ11:30～16:30、ディナー18:00～19:30(土日のみ営業)、直売所10:00～17:00(土・日曜は～20:00)　📍那須塩原市高砂町6-3　🚃JR黒磯駅から徒歩10分　🅿24台

1. 物販スペースとダイニング、宿が一つになった施設　2. 宿は個室が¥7,200～、ドミトリーが¥4,000～。いずれも朝食付き　3. 地産の食材を使った料理を中心に提供するダイニングスペース　4. 那須鶏のバターチキンカレー¥1,485。凝縮したトマトの旨味と、バターのコクで、マイルドでリッチな味わい　5. 那須の無脂肪乳をつかったお菓子「バターのいとこ」

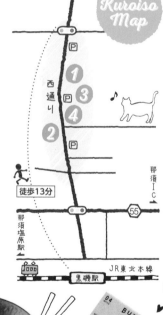

Kuroiso Map

N

55

西通り

1
3
4
2

P
P
P

徒歩13分

那須IC

那須塩原駅

55

JR東北本線

黒磯駅

LUNCH & STAY

Mizaru, Iwazaru, Kikazaru ♪

日光東照宮　にっこうとうしょうぐう
» P.32

Nikko

和と緑と EDO を感じて

江戸時代から人々を魅了してや
まない日光山内。静謐な雰囲気
とゴージャスな建築物に圧倒さ
れ、一日見ていても飽きません。

日光山内をぐるっとまわる1時間半

大自然に寄り添うパワースポット

日光山内 開運まいり

にっこうさんない

日光東照宮、二荒山神社、日光山輪王寺のある一帯は日光山内と呼ばれ、
世界遺産にも登録されている。屈指のパワースポットで幸せを祈ろう!

＼お参り前に知っておこう／

日光山信仰のはじまり

奈良時代、勝道上人が男体山に四本龍寺を建てたのが起源。山頂に二荒山神社、中腹に中禅寺を造ったことで、山岳信仰が広まる。中世に神仏習合が生まれ、男体山、女峰山、太郎山を神仏として崇める宗教形態が完成。江戸時代、家康を祀る東照宮が仲間入りし、日光は一大聖地へと成長した。

勝道上人の銅像

日光山の三つの山を仏として祀る輪王寺

世界遺産の風格漂う
「日光の社寺」

日光東照宮、二荒山神社、日光山輪王寺と、二社一寺に分離したのは明治以降。一時荒廃したものの、外国人避暑地として人気が復活した1999年、日光山内一帯の建造物群と自然や景観が、「日光の社寺」として世界遺産に登録され、さらに注目の的に!

日光山内MAP

二荒山神社
日光山輪王寺大猷院
日光東照宮
日光山輪王寺
神橋
JR日光駅・東武日光駅➡

日光山内の入口にある橋・神橋は二荒山神社の建造物だ

人生教訓を語る
愛らしい猿の彫刻

MMM..

は-1

ユニークな象にも
ごあいさつ

子を思う母猿の姿に
心がホッと温まる

に

は-2

東照宮の入口に
そびえる塔は
豪華絢爛な姿

い

仁王像に守られた
最初の門をくぐろう

ろ

\ Let's Go!! /

開運まいり

日光山内
開運まいり

開運への第一歩はここから

日光東照宮の い・ろ・は

徳川初代将軍の家康を祀る神社。当初は簡素な堂だったものの、3代将軍家光が豪華絢爛な姿へ建て替え、国宝8棟、重要文化財34棟を含む55棟を造り上げた。

猿の一生を描く彫刻の
幼少期「三猿」が有名

は 三猿
さんざる

陰陽五行思想で馬を病気から守ると言われ、神厩舎を繋ぐ神厩舎に猿が彫刻された。有名なのが幼少期の「三猿」だ。影響されやすい時期は悪いことを「見たり、言ったり、聞いたり」せず育てたいと表現している。

狩野探幽が描いた
神秘的な象を探して

に 想像の象
そうぞうのぞう

神厩舎の斜め向かい、祭りの道具や御神宝を収納する三神庫のうち、上神庫の側面に「想像の象」がある。日本画家・狩野探幽（かのうたんゆう）が、聞いた話だけをもとに描いたことから呼び名がついた。尻尾や耳の形が独特！

地震に強く美しい塔を
十二支の彫刻が彩る

い 五重塔
ごじゅうのとう

若狭の国小浜藩主・酒井忠勝が慶安3（1650）年に奉納。火災で焼失後、文政元（1818）年に再建された。1層軒下に十二支の彫刻がある。中心に耐震性の高い心柱を吊り下げる構造は、東京スカイツリーにも応用。拝観料¥300。

朱塗りの門を飾る
霊獣の姿も見どころ

ろ 表門
おもてもん

日光東照宮の参拝券を購入後、最初に通るのがここ。「阿吽（あうん）」の仁王像が鎮座する表門は、「仁王門」との呼び名も持つ。軒下には、寅年の家康にちなんだ虎や獅子、バクなど、82もの霊獣の彫刻が施されている。

日光東照宮 にっこうとうしょうぐう

神仏習合の名残を残す日光東照宮には、神社ながら五重塔や仁王像の姿も見える。社殿は鮮やかに彩られ、江戸の建築美や芸術性を感じられるはず。壮麗な「陽明門」や、愛らしい「三猿」、「眠り猫」の彫刻は必見。本殿や拝殿、家康の墓がある奥宮まで、体力のある限り歩いてみて。

東照宮周辺 ▶ MAP 付録 P.8 B-2
☎0288-54-0560 🈺無休 🕘9:00～16:30（11～3月は～15:30）
¥拝観料大人1300円、小・中学生450円
📍日光市山内2301 🚌東武バス西参道入口下車、徒歩10分 🅿200台（有料）

ここを見なくちゃ東照宮は語れない！

にっこうさんない
日光山内
開運まいり

開運への第一歩はここから
日光東照宮の
い・ろ・は

江戸時代の職人技が光る
建築美と彫刻美にうっとり

あでやかな彫刻たち

白い体、金色の髭、爪を持つ目貫きの龍

古代中国の人物を描く。政治家の周公や仙人の姿も

上は龍、下は息（いき／またはそく）という霊獣を表す

500体を超える彫刻と
あでやかな色彩が魅力

ほ 陽明門
ようめいもん

約380年前に造られた、宮中正門の名前を授かる東照宮のシンボル。霊獣や古代中国の人々を描く彫刻、絵画など、江戸時代の文化を凝縮した作品として有名で、国宝に指定される。一日中見ていても飽きないことから「日暮門」との呼び名を持つ。「平成の大修理」を経て2017年にリニューアル。

陽明門のあれこれ

門にいる人物は？
随身（ずいしん）と呼ばれる門番として置かれている

cool!

永遠に未完成
完成は崩壊の始まりと考え、柱の一つは模様をあえて逆に（画像右）

耐震性能が抜群
軒下には、地震の揺れを吸収する「斗栱（ときょう）組み」が美しく映える

天井を覆い尽くす
竜の絵は圧巻

特別な日だけ開く
本殿の表門

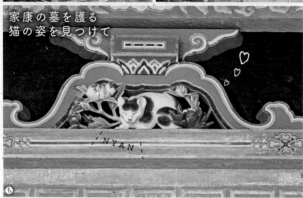
家康の墓を護る
猫の姿を見つけて

NYAN

奥宮にある宝塔の下には、
家康の神棺が納められて
いる

拍子木を打つと
声が響く不思議

NIKKOSANNAI NIKKO

開運まいり

Let's GO!!

TOTAL 1.5H	ROUTE
12:00 / 9:00 - 15:00 / 18:00	陽明門、本殿と順に参拝したら、石階段を登って奥宮に詣でよう

BEST TIME／午前中

混雑を避けるなら
早朝参拝がベスト

日光山内で最も混むため、
午前中がおすすめ。輪王寺、
二荒山神社は徒歩圏内

日光東照宮MAP

叶杉
奥宮拝殿

本地堂
（薬師堂）
（鳴竜）り

本殿・拝殿と
へ唐門

御宝蔵
神楽殿

石階段

は
陽明門

ほ

東廻廊
（眠り猫）ち

輪蔵

唐銅鳥居　上神庫　に三神庫（想像の象）
中神庫
神厩舎は　　下神庫
（三猿）

五重塔　　　　　表門

・石鳥居

表参道　日光山輪王寺

唐破風の大きな屋根と繊細な彫刻の共演

へ 唐門
からもん

本殿を守る門で、通り抜けはできない。柱や軒下は貝殻で作られた塗料「胡粉（ごふん）」で塗られ、白く美しい姿。龍や鶴の彫刻を引き立てている。

家康を神として祀るもっとも大切な場所へ

と 本殿・拝殿
ほんでん・はいでん

本殿、石の間、拝殿からなる国宝建築。99畳もある拝殿の天井には、狩野探幽一派が描いた100頭の竜が並ぶ。本殿は非公開で、平和を願う54頭のバクの像があるという。

東回廊の上部にちょこんと眠る猫の彫刻

ち 眠り猫
ねむりねこ

家康の墓所がある奥宮へ続く、東回廊にある入口。ここに名匠・左甚五郎（ひだりじんごろう）作といわれる彫刻「眠り猫」がある。獲物を狙う姿に見えるという説も。

天井いっぱいに広がる竜の墨絵に息を飲む

り 鳴竜
なきりゅう

家康は薬師如来の生まれ変わりと言われ、「本地堂（薬師堂）」には薬師如来が祀られる。堂内の天井を竜の墨絵が覆い、顔の下で拍子木を打つと、甲高い竜の声が響く。

二荒山神社で縁結び祈願

ご神体は男体山。縁結びの神様「大己貴命（おおなむちのみこと）」を祀る。

社寺めぐりの楽しみ方

東照宮周辺はご利益ワンダーランド！

日光東照宮からすぐの場所に、日光信仰のはじまりとなった二荒山神社や、四本龍寺を起源とする輪王寺などが点在。良縁や開運、厄除け祈願をしながら、歴史ある建物を見てまわろう。

霊泉の水をいただけば、心も肌も若々しく！

お持ち帰りOK
霊泉は

「二荒霊泉」は恒例山の「薬師の霊水」、瀬尾神社の「酒の泉」を合わせた清水。眼病予防、若返りにご利益がある

笹に結んだ願いがかなう？

「良縁笹の結び札」¥200に願いを書いて、笹に結ぼう

主祭神は良い縁を結ぶ神様。ご縁をしっかり祈って

ハートの板をご縁柱に投げ当てる運試しも！1枚¥200

スギとナラで「好きなら」効果！

縁結びの木にもご挨拶

神社入り口にある大きな杉にナラの木が重なる。「杉（好き）ナラ（なら）一緒」と意味をかけ、良縁を運ぶと言われる

男体山をご神体として祀る神社。ご参拝のみなら無料

縁結びお参りスタート

毎年9〜11月に開催される「日光良い縁まつり」。この時期だけ登場する「笹の輪くぐり」はぜひくぐってみよう

二荒山神社 ふたらさんじんじゃ

縁結びの木と拝殿にお参りしたら、ぜひハートの絵馬やかわいいお守り（●P.39）をチェック。神苑エリアにも入場して、若返り祈願の霊泉を飲んだり、ユニークな運試しに挑戦してみて。

東照宮周辺 **MAP** 付録 P.8 A-2

☎0288-54-0535 休無休 ⏰8:00〜17:00（11〜3月は9:00〜16:00）参拝無料（神苑拝観は大人300円、小・中学生100円） 日光市山内2307 東武バス西参道入口下車、徒歩7分 P50台（有料）

36

輪王寺仏像オールスターズ！

天平神護2(766)年に建立され、関東の一大霊場に。3大仏が鎮座する三仏堂をはじめ、数々の仏像が納められている。

開運まいり

高さ7.5メートルの大迫力
3体の大仏が見守る空間へ

WAO!

Ⓐ三仏堂 馬頭観音 阿弥陀如来 千手観音

日光山輪王寺のご本尊、日光三所権現本地仏の三仏。千手観音は男体山、阿弥陀如来は女峰山、馬頭観音は太郎山と、日光山の本地仏とされる

金箔に彩られた表情豊かな夜叉たち

Ⓑ夜叉門 夜叉像

夜叉門の東西南北を守る4体の夜叉像は、画像左から烏摩勒伽(うまろきゃ)、犍陀羅(けんだら)、毘陀羅(びだら)、阿跋摩羅(あばつまら)

天邪鬼を足蹴にする勇ましい姿は圧巻

Ⓑ二天門 持国天 増長天

東西南北を守る四天王のうち、東の持国天、南の増長天が安置される。足元では天邪鬼を踏みつけている

寺の入り口を守る吽形の仁王像

Ⓑ仁王門 金剛力士像

口を閉じた表情は吽形(うんぎょう)と言われる。隣には口を開けた阿形の像が並ぶ

Ⓑ日光山輪王寺大猷院　にっこうざんりんのうじたいゆういん

三代将軍徳川家光の墓所がある。「祖父を凌いではならない」との遺言から装飾は控えめだが、繊細で華麗な装飾は必見だ。

東照宮周辺 ▶MAP 付録 P.8 A-2

☎0288-54-0531 休無休 🕐8:00～16:30(11～3月は～15:30) ¥拝観料大人550円、小中学生250円(輪王寺と共通の輪王寺券大人900円・小中学生400円) 🚩日光市山内2300 🚌東武バス西参道入口下車、徒歩10分 🅿なし

Ⓐ日光山輪王寺　にっこうざんりんのうじ

天台宗の大本山のひとつ。総本堂・三仏堂は、日光山内最大の木造建築だ。このほか数多くの支院を持つ。

東照宮周辺 ▶MAP 付録 P.8 B-3

☎0288-54-0531 休無休 🕐8:00～16:30(11～3月は～15:30) ¥三仏堂単独大人400円、小・中学生200円、宝物殿・逍遥園大人300円、小・中学生100円(大猷院と共通の輪王寺券大人900円、小・中学生400円) 🚩日光市山内2300 🚌東武バス神橋下車、徒歩5分 🅿100台(有料)

この体験は、きっとずっと記憶に残る

ココロに効く 日光山内

日光山内
開運まいり

世界遺産のお寺で座禅を組んだり、写経をするのは、日常を忘れる贅沢な時間。
ここでしか手に入らない、ココロの栄養をたっぷり補給してみよう!

静寂のひとときで
ココロのデトックス

1.座禅中は、ご本尊が祀られている須弥壇の周りを、僧侶がゆっくりと歩く　2.僧侶が自分の前で立ち止まったら、合掌をする。「警策」で両肩を軽く3回打たれたら、再び合掌をして元の姿勢に戻る　3.座禅に入る前には僧侶がわかりやすく説明してくれるから、初めてでも安心　4.あぐらがかける服装で参加を

ココロ整える

日光山輪王寺大護摩堂で
座禅体験

静寂に包まれたお堂の中で、姿勢を整え、呼吸を整え、気持ちを整える。これが座禅のステップ。難しい作法は一切なし。しばし日常から離れ、自分自身と向き合える貴重な時間を過ごせる。
※写真は常行堂ですが、2024年1月現在、坐禅体験は大護摩堂で行っています。

日光山輪王寺の
詳細は》P.37

━━━ 座禅 ━━━
所要時間 約40分
料金、申し込みは、日光山輪王寺
大護摩堂 0288-54-0532

開運まいり

ひと文字に
思いを込めて筆を
運ぶ静かな時間

1

ココロおちつく

日光山輪王寺
大護摩堂の
写経体験

手本の文字を上から筆ペンでなぞっていくので、習字の心得のない人でも大丈夫。大切なのはていねいに書くこと。自分のペースで書き進めて。文字を書くことに集中し、心も穏やかになる。

※写真は紫雲閣2階ですが、2024年1月現在、写経体験は大護摩堂で行っています。

日光山輪王寺の詳細 >> P.37

1.体験で写経するお経は、天台宗で唱えられる「本覚讃」。お寺に納めるものと、記念の持ち帰り用の2部を書き写す

――― 写経 ―――

所要時間 約60分
料金、申し込みは、日光山輪王寺
大護摩堂 0288-54-0532

夫婦円満守りペア
¥1,200
夫婦で一つずつ身につけて、ずっと仲良く暮らせるよう祈ろう

良い縁結ぶ守り
¥1,000
通常は水色。9〜11月の「良い縁まつり」期間のみピンクが登場

良縁祈願板 ¥500
絵馬のデザインは、なんとピンクのハート。恋愛に悩んだときに利用したい

Cute♥♥

願いを書いて御神木の前にぶら下げよう

良縁成就

二荒山神社の
かわいいお守り
ココロときめく

縁結びの神様を祀る二荒山神社には、見た目にもかわいいお守りが豊富。肌身離さず身につけていれば、きっと素敵なご縁を運んでくれるはず。ハートの絵馬に願いを書くのも忘れずに!

二荒山神社の詳細 >> P.36

御朱印集めも忘れずに

参拝のあかしの御朱印は、各社寺で申し込みを。¥300〜500

LET'S GO!

繁忙期は大混雑!
ランチはお早めに
季節によって混み具合がまったく異なる。繁忙期は売り切れも続出するので要注意!

1.着物をレンタルして散歩するのも楽しい♪
2.坂道が続くのでのんびり歩こう

歴史は400年以上! 日光の表参道で BUY＆EAT

鉢石パフェ ¥1,210

日光あんみつ ¥1,210

味噌湯波や湯波せんべいをトッピング

自家製水ようかんとソフトクリームの相性抜群

老舗和菓子店で喫茶タイム
❸ 鉢石カフェ はついしかふぇ

215年前の創業当時から酒まんじゅうを提供。老舗ならではの水ようかんやあんみつなど和メニューがそろっていて、特に夏はかき氷、冬はおしるこが人気。

日光駅周辺 ▶ MAP 付録 P.6 A-2
☎0288-54-0038 休不定休 ⏰10:00
～16:30 📍日光市下鉢石町946 🚌JR・東武日光駅から東武バス中禅寺湖方面行きで4分、日光支所前下車すぐ
🅿3台

日光ラスク
アールグレイ(120g)
¥700

日光ラスク
アールグレイ(80g)
¥450
ラスクに相性抜群の紅茶も販売している

中までふわとろの新感覚ラスク
🄝 NIKKO RUSK CAFE
ニッコウラスクカフェ

チョコや抹茶、イチゴ、黒糖などバリエーション豊富なラスクが勢ぞろい。2階にはモダンなインテリアのカフェスペースがあり、ラスクを使った温かいスイーツを提供する。

日光駅周辺 ▶ MAP 付録 P.6 B-2
☎0288-25-6125 休不定休 ⏰10:00～17:00
📍日光市御幸町592-4 🚌バス停日光郷土センター前下車すぐ
🅿なし

日光の表参道と言えば、上・中・下からなる鉢石町。日光東照宮に参拝する人たちが必ず通るというだけあり、老舗和菓子店や喫茶店、みやげ店と大にぎわい♪

🚏日光支所前

日光郷土センター前

🄝 NIKKO RUSK CAFE

ほ 日光ぷりん亭

JR・東武日光駅 ➡

カフェ＆ギャラリー 花山椒

ほ

❸ 鉢石カフェ

日光郷土センター
日光市観光センター

NIKKO
OMOTESANDO
表参道

おだんご
¥400
(1本)

アツアツを食べ歩きしたい!

ⓒ三福茶屋 みつふくちゃや

国産米粉を使ったこの団子を食べれば、3つの福「大福・幸福・裕福」をもたらしてくれるそう!注文後に炭火で香ばしく炙ってくれる。

日光駅周辺 ▶ **MAP** 付録 P.6 A-2

☎0288-25-7416 休水曜、ほか不定休あり ⏰10:30〜16:30(売り切れ次第閉店) ♥日光市中鉢石町917 🚌バス停日光支所前下車、徒歩3分 🅿3台

三福だんご、ごまだんご、十穀だんごの3種類

日光東照宮御用達の店

⬆TENTO chocolate てんとちょこれーと

昭和12(1937)年創業の和菓子の老舗。定番の羊羹のほか、和菓子の技術を生かした最中やラスクなどもおみやげにピッタリ!

日光駅周辺 ▶ **MAP** 付録 P.6 A-2

☎0288-53-0534 休不定休 ⏰11:00〜16:00 ♥日光市上鉢石町1038-1 🚌バス停神橋下車すぐ 🅿1台

zaku zaku

日光湯波おかき
¥486(1袋)

しょうゆ味ほか3種類

食事のほか
お弁当もズラリ

ⓣ油源 あぶらげん

地元産を中心とした旬素材の食事メニューが豊富。また、日光の特産品やお弁当の販売もしているのでふらっと寄りやすい。

日光駅周辺 ▶ **MAP** 付録 P.6 A-2

☎0288-54-1627 休水曜 ⏰飲食11:00〜16:00(販売は9:00〜17:00) ♥日光市上鉢石町1028-1 🚌バス停神橋下車すぐ 🅿3台

HIMITSU豚
チャーシュー丼
¥1,590

日光市で生産されている豚を使ったセット

くるみのタルト
¥350

ぎっしりナッツが贅沢!

ギャラリー併設のカフェ

ⓗカフェ&ギャラリー花山椒 カフェアンドギャラリーはなさんしょう

吹き抜けの店内は1階がカフェ、2階が不定期開催のギャラリー。タルトのケーキや焼き菓子など、スイーツメニューが楽しめる。

日光駅周辺 ▶ **MAP** 付録 P.6 A-2

☎0288-54-0450 休水・木曜、不定休 ⏰10:00〜18:00(冬季は〜17:00) ♥日光市下鉢石町943 🚌バス停日光支所前下車すぐ 🅿8台

地元の食材をたっぷりと

ⓗ日光ぷりん亭 にっこうプリンてい

栃木県産牛乳や日光御養卵など厳選した素材を使ったプリンは、とろとろでなめらか。季節限定の味もあり。

日光駅周辺 ▶ **MAP** 付録 P.6 B-3

☎0288-25-6186 休不定休 ⏰10:00〜17:00 ♥日光市石屋町410-7 🚌東武日光駅から徒歩約5分 🅿5台

揚げもち
¥580

あんこなど3種類の味が楽しめる

ハーフぷりんソフト
¥560

プリンとソフトクリームのダブル贅沢!

BIG!

POINT!

折り紙
自動販売機

¥300〜1,000の折り紙が購入できる自販機を発見!

中鉢石町
おいしい水飲み場

「全国のおいしい水」のなかで特においしいと認定された水飲み場

神橋 ⓣ油源

TENTO
chocolate

日光東照宮

●神橋 ←日光金谷ホテル

三福茶屋

●旧日光市役所本庁舎

知る人ぞ知る!?

西町で発見♡ センスあふれる店へ

朝から日光東照宮にお参りしたあとは、オシャレスポットへレッツゴー!
西町には乙女心をくすぐるナイスな店が点在。ぐるっと歩いてまわっちゃおう!

TOTAL 2.0H

12:00

9:00 ── 15:00

18:00

ROUTE
安川町から田母沢橋手前あたりまでの約2km区間が西町エリアだ

BEST TIME／11:00〜16:00

お店のオープンは比較的ゆっくり目

早朝に参拝をしたあとゆっくり西町エリアでランチをしたり買い物をするのがおすすめ

1

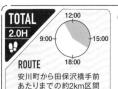

OSHARE

くみあげゆばのとろゆばごはん ¥1,300

♪

sweets!

2

レトロモダンな空間でまったりと
ⓐ LANCATLGUE CAFE NIKKO
ランカトルグカフェニッコウ

日光山内の門前すぐにあるカフェ。店内はアンティークの家具が配されていて、つい時間を忘れて過ごしてしまう居心地のよさ。豆乳や湯波をカフェ風にアレンジしたランチや「ユバプリン」¥500が人気。繁忙期はウエイティングもあるので早めに訪れよう。

東照宮周辺 ▶ **MAP** 付録 P.8 A-3

☎0288-53-1193 休水曜、ほか不定休・冬季休業あり 🕐12:00〜17:00(変更あり、要確認) 📍日光市安川町4-1 2階 🚌バス停総合会館前下車すぐ 🅿なし

3

4

1.広々とした店内 2.ふわっとやわらかい湯波がどっさり。温泉卵を割って食べれば二度おいしい 3.県道120号が見下ろせる 4.店は階段を上がった2階

ニューヨークチーズケーキ ¥600

数種類のチーズを使用し、奥行きある味わいに

和菓子を食べ歩き♪
ⓑ 日光かりまん
にっこうかりまん

2018年オープン。黒糖まんじゅうを国産菜種油で揚げたかりまんは、日光産大豆のきな粉たっぷり。サクッとした食感で、中心に黒蜜餅が入っていて、ほのかな甘味がグッド。

東照宮周辺 ▶ **MAP** 付録 P.8 A-3

☎0288-25-3338 休不定休 🕐9:00〜17:00 📍日光市安川町10-18 🚌西参道入口バス停下車すぐ 🅿なし

good taste!!

1

2

1.西参道沿いにあるので散策途中に寄ろう 2.どら焼きも人気

日光かりまん ¥240
石臼で自家製粉したきな粉と和三盆の風味が◎

↖ マルゲリータ ¥950
トマトソースとモッツァレラチーズがたっぷり

Bacon & Maitake

自家製燻製ベーコンと黒マイタケとヒラタケのPizza ¥1,300
ニンニクが効いていて食欲をそそられる

PIZZA MARGHERITA

国産小麦を使ったピザ

ⓔPIZZA LINNE ピザリンネ

ピザ窯や店舗は元大工の店長が一から造ったというから驚き。そのこだわりはピザも同様で、一度食べたらその味を忘れられないほど絶品!

東照宮周辺 ▷ MAP 付録 P.8 A-3
☎0288-25-5039 休月曜、不定休
⏰11:30〜14:30 ♥日光市本町2243
♥バス停金谷ホテル歴史館下車すぐ
Ⓟ4台、第2駐車場6台

1.ひとつひとつ組み立てた薪のピザ窯。絶妙な火加減で焼き上げる
2.店の外まで香ばしい匂いが。もちろんテイクアウトもOK

掘り出し物が見つかるはず!

ⓒ吉見屋 よしみや

画家・香川大介氏がセレクトした商品は、ほかではなかなかお目にかかれない逸品ばかり。香川氏が描いたダイナミックな絵画もあわせて堪能したい。

東照宮周辺 ▷ MAP 付録 P.8 A-3
☎0288-87-4032 休日〜火曜(冬季休業あり)
⏰10:00〜16:00 ♥日光市安川町5-19 ♥バス停西参道入口下車すぐ Ⓟなし

日光下駄 ¥24,200
生産待ちがかかるほど貴重な下駄がここに

黄金の比蜜 各¥1,680
完全非加熱のハチミツ。売り切れ次第終了

バッジ 各¥259
「日光本町郵便局」の風景印(消印)がバッジに

Traditional

古い日本家屋を改装した店

Classic

クラブハウス・サンドイッチ ¥1,600
トーストしたロイヤルブレッドで、ベーコン・レタス・トマト・チキン・エッグをサンド

金谷ホテル創業の地に隣接

ⓓ金谷ホテルベーカリー カテッジイン・レストラン
かなやホテルベーカリーカテッジインレストラン

金谷ホテルベーカリーのパンを用いたメニューなど、オリジナル料理を楽しめる。ショップではパン、クッキーなども購入できる。

金谷ホテル歴史館で、外国人用民宿であった武家屋敷もあわせて見学したい

東照宮周辺 ▷ MAP 付録 P.8 A-3
☎0288-50-1873 休無休(12〜2月は不定休) ⏰9:00〜17:00(15:00〜は喫茶メニューのみ) ♥日光市本町1-25 ♥バス停金谷ホテル歴史館下車すぐ Ⓟ18台

金谷ホテルベーカリー
カテッジイン・レストラン ⓓ

日光かりまん ⓑ
富士屋観光センター

LANCATLGUE CAFE NIKKO ⓐ

ⓔ 金谷ホテル歴史館
PIZZA LINNE

吉見屋 ⓒ

日の丸観光センター

120
日光珈琲 御用邸通 ●P.52
日光田母沢御用邸記念公園
日光甚五郎煎餅本舗 石田屋 ●P.55

西参道

安川町

日光駅

大谷川

宿場町のノスタルジーが残る

レトロでおしゃれな雰囲気漂う
今市の 玉藻小路 へ

江戸時代、日光街道の宿場町として栄えた今市。その面影を残すような「玉藻小路」は、木造長屋をリノベーションした、魅力的なお店がいっぱい♪

オムライス
¥2,200
（Bセット・ドリンクとセット）
とろふわ卵と濃厚トマトソースでおいしさ◎

NOSTALGIC CAFE

1

1.3年の歳月をかけてリノベーションされた建物は、往時のたたずまいを生かし、木のぬくもりを感じる珠玉の居心地 2.欄間やステンドグラスなど、往時の意匠も残されている 3.キャラメルミルクティー¥715 4.ゆったりしたひとときを

2

3

4

What's 玉藻小路？

日光東照宮へと続く日光街道沿いにある「玉藻小路」。昔は花街だったといわれ、人ひとりがやっとすれ違うことができる全長20〜30mほどの小径に、長屋をリノベーションした小さな店舗が集まっている。

古にタイムスリップする至福の空間
日光珈琲 玉藻小路
にっこうこーひーたまもこうじ

風情ある玉藻小路の雰囲気を存分に味わえるのが日光珈琲。引き戸の入り口・土間・木枠の窓・飴色の板張りの床など築100年の遊郭（置屋）をリノベーションした空間には、ゆったりした時が流れ、自家焙煎のスペシャリティ珈琲などをゆっくりいただける。

今市 ▶ MAP 付録 P.9 B-3

☎0288-22-7242 休月曜、第1・3火曜（祝日の場合は翌日休）時11:00〜17:00 所日光市今市754
♥東武線下今市駅から徒歩5分 P6台

Tamamo-Koji Shop & Eat

ノスタルジックな木造長屋が並ぶ小径に、趣のあるショップやカフェが大集合!

毎日の生活に潤いと華やぎの花&雑貨
enn hanatokurashi
エンはなとくらし

"花のある生活"をコンセプトに、生花や生活雑貨などがそろう。店舗で作られるドライフラワーは、しっかりと色が残りびっくりするほど美しい。

今市 ▶**MAP**付録 P.9 B-3
📞0288-87-4346 🈺月・火曜
🕚11:00〜17:00 📍日光市今市754 🚃東武線下今市駅から徒歩5分 🅿2台

1.アンティークな雰囲気の店内
2.専用の機械でお作りしたドライフラワーブーケ¥1,100
3.ロブリザーブドフラワーのリース¥4,950

Dry Flower♥

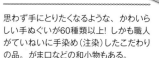

カラフルでかわいい1枚を!
てぬぐい風呂敷「唐草」
てぬぐいふろしきからくさ

思わず手にとりたくなるような、かわいらしい手ぬぐいが60種類以上! しかも職人がていねいに手染め(注染)したこだわりの品。がま口などの和小物もある。

今市 ▶**MAP**付録 P.9 B-3
📞0288-21-1245 🈺月・火曜
🕚11:00〜17:30
📍日光市今市754
🚃東武線今市駅から徒歩5分
🅿5台

1.玉藻小路に多いネコが描かれた手ぬぐい 2.日光の風物がモチーフのオリジナル 3.斬新な卵の絵柄 4.色とりどりの手ぬぐいがそろう。各種¥1,100〜

&MORE

玉藻小路の入り口にある便利な道の駅

1.朝採り野菜が並ぶ「農産物直売コーナー」
2.「日本のこころのうたミュージアム・船村徹記念館」は、2023年4月から入館料が無料に
3.丹精込めて育てられた農産物が豊富に並ぶ
4.日光ひたしそば1380円。そばのほかにも、丼ものや定食など日光ゆかりの料理が堪能できる

道の駅 日光 日光街道ニコニコ本陣
みちのえき にっこう にっこうかいどうにこにこほんじん

人気の日光グルメやおみやげの複合ショップをそろえた道の駅。日光連山からの清水で育まれた農作物を直販するほか、風味豊かなつゆとコシの強い二八手打ちそばが楽しめる飲食店などがある。特に日本を代表する作曲家・船村徹氏の記念館では、著名な歌手との貴重なエピソードや船村氏の偉大な功績を紹介しており、入館無料で楽しめる。

今市 ▶**MAP**付録 P.9 B-3
📞0288-25-7771 🈺第3水曜(記念館は毎週火曜) 🕘9:00〜18:00、レストラン11:00〜17:30、記念館9:00〜17:00 📍日光市今市719-1 🚃東武線下今市駅から徒歩5分 🅿74台(思いやりスペース3台含む)

Traditional

Not　LEAF,　But　WAVE!!

修行僧も大好き！日光湯波グルメ

日光の郷土料理として有名な湯波。修行僧の精進食材や供物などとして、
古くから親しまれてきている。そんな湯波をふんだんにアレンジした店が門前町にはたくさん！

湯波巻き御膳
全7品
¥2,720

Marvelous!

本日の一鉢
本日の煮物

自家製
たまり漬け

生湯波
ぜんざい「白」

湯波の白ダレ
出汁たっぷり

山葵

もはや芸術！予想をこえる絶品湯波巻き

アツアツの
お鍋も楽しんで

「特製豆乳出汁で食べる湯波しゃぶと季節のお野菜」¥2,420。京都の湯葉とは違った、分厚い湯波を堪能しよう

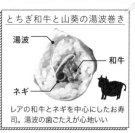

とちぎ和牛と山葵の湯波巻き

湯波

和牛

ネギ

レアの和牛とネギを中心にしたお寿司。湯波の歯ごたえが心地いい

店内からゴツゴツした外の山の岩肌が眺められる

日光湯波巻き
全【ZEN】
にっこうゆばまきぜん

フレンチと和食を融合した創作料理が自慢。食材は栃木県産が中心で、その日仕入れた新鮮な食材をアレンジする。うまみが行き渡った料理の品々は思わずため息がでるほど美味。洗練された器も合わせて楽しみたい。

日光駅周辺 ▶**MAP**付録 P.6 A-2

☎0288-53-3470　休火曜　⏰11:00～14:30
17:00～20:30(完全予約制)　♀日光市上鉢石町1007　🚃JR・東武日光駅から東武バス中禅寺湖方面行きで4分、日光支所前下車、徒歩2分　🅿なし

本格懐石湯波料理
割烹 与多呂
ほんかくかいせきゆばりょうりかっぽうよたろ

湯波の魅力を存分に伝えてくれる本格割烹店。味はもちろん、目からも楽しませる仕掛けが粋だ。繁忙期は13時半頃売り切れることもあるので予約がおすすめ。

日光駅周辺 ▶ MAP 付録P.6 A-2　Ⓖℝ

☎0288-54-0198　休水曜　⏰11:00〜20:00（売り切れ次第終了）　♥日光市下鉢石町965　JR・東武日光駅から東武バス中禅寺湖方面行きで3分、日光郷土センター前下車、徒歩2分　P30台

手作り
芋ようかん
も大人気！

個室や大広間、テーブル席がある

目も舌も大満足！意匠が光る湯波懐石

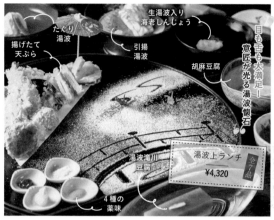

生湯波入り
海老しんじょう

たぐり
湯波

引揚
湯波

胡麻豆腐

揚げたて
天ぷら

湯波滝川
豆腐

4種の
薬味

湯波上ランチ
¥4,320
全7品

大きく戻すのが
職人技！

湯波煮物

八汐鱒の
グリル

湯波刺身

湯豆腐

地元食材がギャラリーと光る贅沢なコースをお手頃に

小鉢

縁
¥2,310
全7品

お食事処 栞
おしょくじどころしおり

日光金谷ホテルで副料理長を務めたオーナーによる店。ホテル仕込みの腕前を披露したコースは、和＋洋の奥深い味わい。ランチは¥1,980からで気軽にコース料理を食べられるのもうれしい。

日光駅周辺 ▶ MAP 付録P.6 A-2

☎0288-25-5745　休水曜、不定休　⏰11:30〜14:00、18:00〜21:00　♥日光市下鉢石町957-2　JR・東武日光駅から東武バス中禅寺湖行きで3分、日光郷土センター前下車すぐ　P7台

通り沿いに面した
広々とした店内

湯葉？　湯波？
呼び名の違いをCheck!

「ゆば」のルーツは大陸から京都に伝わり、徐々に全国へ広がったといわれている。日光に湯波が伝わったのはなんと鎌倉時代！土地ごとに製法や呼び名の違いが生まれたそう。

京都

湯葉
ハシから！

端から串を入れて一枚だけ引き上げるため、まるで「葉」のようだと「湯葉」と呼ばれる

2倍の厚み！

日光

湯波
まん中から！

中央に串を入れて引き上げて二つ折りにした様子が「波」のようなので「湯波」と呼ばれる

おみやげはココで！

海老屋長造
えびやちょうぞう

明治5（1872）年創業。一流店でも使われている最高の湯波を製造・販売する。おみやげに渡してもよろこばれる逸品。

日光駅周辺 ▶ MAP 付録P.6 A-2

☎0288-53-1177　休水曜、不定休　⏰9:00〜18:00　♥日光市下鉢石町948　バス停日光支所前下車すぐ　P6台

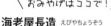

「島田湯波」¥1,350
（25個入り）

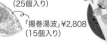
「揚巻湯波」¥2,808
（15個入り）

　日光の湯波は乾物が多く、しっかりお湯に浸して戻すのがポイント。

おいしいもの、そろってます！

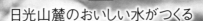

日光山麓のおいしい水がつくる

打ちたてそばをいただきます

"手打ち"は当たり前！そば粉や製粉方法、そばを自家栽培してしまうところまである、
こだわりの「日光そば」のおいしさを思う存分楽しもう！

Let's Go!!

小休止すぺしゃる
¥ 2,300
そば・山菜の天ぷら・ゆば刺し・
とろろ麦飯がセット。のどごし
なめらかで風味抜群！

＋Dango

こちらもおすすめ
- ●もりそば　　　　　　¥ 1,050
- ●名物だんご　　　　　¥ 500
- ●手づくりゆばちまき　¥ 550

1

3

小休止 のうか
こやすどのうか

**農家×大正ロマン
田舎そばのなめらかなのどごし**

2018年に移転し再オープン。新店舗は、
50年近く前に建てられた一軒家で、大
正ロマンの雰囲気漂う空間に。厳選した
そば粉を使用した手打ちそばは、褐色を
帯びた田舎そば。のどごしのなめらかさ
が際立ち、庭園を望みながらいただける。

日光 ▶ MAP 付録 P.5 D-3

☎090-7736-3354　🏠木曜　🕚11:00〜
14:00（売り切れ次第終了）　📍日光市小林71
🚃東武線下今市駅からタクシーで約20分
🅿15台

1. 自家製味噌を使った名物だんご　2. 一面ガラス張
りの店内から庭園を望む一枚板のテーブルが窓際に
3. ほっこりする景観

建物もとっても
ステキ

Retro

CUTE

WABI SABI

colorful

1. 野菜のおいしさが引き立つヒマラヤ岩塩でいただく天ぷら 2. そば処とは思えない、木肌と漆喰の洗練された店内からは黒川を望む

＋Tempura

1

もりそば山帰来十割

￥1,500

小来川地区で栽培されたそばを使った十割そば。甘皮部分を挽きこんだ製法で作られる。

こちらもおすすめ

●ゆばと季節の天ぷら ￥600
●もりそば「小来川」二八 ￥1,100
●酢橘(すだち)そば ￥1,600

小来川 山帰来
おころがわさんきらい ♡

**自家栽培、自家製粉
こだわりと洗練の小来川そば**

樹齢80年・約160本もの杉を使用した漆喰からなる瀟洒なログハウスが印象的。自家栽培された小来川産のそば粉をメインに使用した自家製粉のそばはすべて、陶芸家・佐伯守美氏の器で提供されている。

日光 ▶**MAP** 付録 P.4 B-4

☎0288-63-2121 休火曜(冬季は火・水曜)
🕐11:00～15:00 ♀日光市南小来川395-1
🚉JR今市駅からタクシーで約20分
🅿38台

2

そば処 報徳庵
そばどころほうとくあん

**江戸時代の農家で食べる
コシの強い手打ちそば**

1. 10～3月限定のいも串。里芋のほくほく感とねっとり感があとをひく 2. 風情ある空間で手打ちそばを

杉木立に包まれた、江戸時代の農家を再現した店舗が風情ある趣。夏は障子を開け放ち、庭園を望みながら縁側でそばを食べることも。弾力とコシが強いそばは、地元のそば粉を使用した手打ち。甘くないつゆとの相性もいい。

今市 ▶**MAP** 付録 P.9 A-3

☎0288-21-4973
休無休 🕐11:00～15:00
♀日光市瀬川383-1
🚉東武線上今市駅から徒歩15分 🅿30台

2

＋Kushiyaki

もりそば

￥800

自家製粉された二八そばで、地元産のそば粉の風味をダイレクトに感じる一品。

こちらもおすすめ

●いも串(2本) ￥600
●天ざるそば ￥1,500
●とろろそば ￥1,000

清流に恵まれ昼夜の寒暖差が激しい日光市。その土地柄から、品質の高いそばが生産される。

Lunch

目からおいしい♡

せっかくだから、<u>地産ランチ</u>いただきます

広大な自然あふれる栃木県。海はないけれど、新鮮な野菜や湖で獲れる魚など、地元食材が豊富にあふれている。そんな自慢の素材を使った日光のおすすめ店をご紹介♪

地産ポイント
安心安全な無農薬野菜
自家農園の無農薬野菜や近郊で採れたナチュラルフレンチ

| Natural French!

Oh!

1

menu

ランチ
（パン付）

¥2,200〜

SWEETS

2

お野菜は甘みが
詰まっています♪

旬の採れたて
甘みが

1.前菜と魚料理や肉料理などのメインをそれぞれ選ぶスタイル。コーヒー付は2500円〜。デザート・コーヒー付は3000円〜　2.旬のフルーツなどを使ったデザートは、6〜7種類から選べる　3.中禅寺湖畔にあり、店内は明治〜大正期の別荘をイメージした家庭的な雰囲気

3

栃木の食材がフレンチに

La cuisine naturelle
Café de Savoie
ラキュイジーヌ ナチュレル カフェドサボア

フランスやベルギーで修業を積んだシェフが腕を振るうフレンチレストラン。「中禅寺湖漁協のヒメマスのムニエル」など、季節ごとの栃木の食材を生かした料理が味わえる。

中禅寺湖 ▶ **MAP** 付録 P.9 B-1

☎0288-55-1150　休水曜（1〜3月は不定休）　⏱11:30〜14:30、18:00〜20:00（冬期は要確認）　🏠日光市中宮祠2478　🚏バス停中禅寺郵便局下車すぐ　Ｐ3台

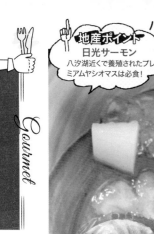

地産ポイント
日光サーモン
八汐湖近くで養殖されたプレミアムヤシオマスは必食!

Pasta

Trattoria Gigli

1. 日光サーモンを使った前菜。まるで湖を泳いでるかのような盛り付け(前菜は日替わり) 2.前菜のほか、サラダ、パスタ、パン、ドルチェ、ドリンクがセット 3. ゆったりくつろげる店内

Antipasto

menu
ランチセット
(4品+フォカッチャ・ドリンク付)
¥2,200

和洋折衷なイタリアン

Trattoria Gigli
トラットリアジッリ

イタリアで修業したオーナーによる店で、地元の湯波や日光サーモン(ヤシオマス)を取り入れたカジュアルな料理を提供。味はもちろん、見た目から楽しめる。

日光駅周辺 ▶ **MAP** 付録 P6 B-3
☎0288-28-9028 休水曜、第2火曜
⏰11:30〜14:00、17:30〜21:00
📍日光市松原町10-11 🚃東武日光駅からすぐ、JR日光駅から徒歩4分 🅿3台

Spicy

地産ポイント
野菜出汁のライス
野菜のみとは思えない滋味あふれる味わいがグッド!

YUMMY!

menu
カレーの煮込みご飯
デミグラスソースミートボールオムライス
¥1,300

ふわとろのオムライスが自慢

Bar de nikko くじら食堂
バルデニッコウくじらしょくどう

古民家を改装したおしゃれなダイニングバーで、ふわとろ食感のオムライスが大人気。ソースの味わいと卵のとろける食感があとを引く。野菜の盛り付けや彩りも美しい。

日光駅周辺 ▶ **MAP** 付録 P6 A-2
☎080-6088-6892 休不定休 ⏰11:30〜15:30
(売り切れ次第終了) 📍日光市上鉢石町1041-1
🚌バス停神橋下車すぐ 🅿なし

1.手作りミートボールが2つ付きボリューム満点。カレーの香りが食欲をそそる 2.カウンター席がメイン 3.暖簾がかかる小粋な外観

日光HIMITSU豚や日光マイタケなど、そのほかにも名産品がたくさんあるので探してみよう。

Coffee Break

雰囲気ある空間でくつろぐ

ステキ喫茶で癒やしのひとときを

日光は見どころ盛りだくさんなので、ついつい歩きすぎて疲れちゃう！
そんなときはちょこっとカフェに寄って、あまーいスイーツに癒やされて♡

レトロな風情が心地いい喫茶

日光珈琲 御用邸通
にっこうこーひーごようていどおり ♥ ♥

昭和初期に造られた古い商家をリノベーションしたカフェ。香り高い自家焙煎のコーヒーや自家製スイーツをじっくり味わいながら、当時の趣を感じよう。

東照宮周辺 **MAP** 付録 P.8 A-3
☎0288-53-2335 **休**月曜（祝日の場合は翌日休）、第1・3火曜 **時**10:00～17:00 **所**日光市本町3-13 JR・東武日光駅から東武バス中禅寺湖方面行きで10分、西参道下車、徒歩3分 **P**なし

Old Style!

1

とろ～りとした黄身と一緒に召し上がれ

Sobako 100%
ガレット コンプレ
¥2,200

SOBAKO 100%

2

SUMMER

かき氷 爽
温州みかん ¥990
四代目氷屋徳次郎の氷を使ったかき氷。みかんのつぶつぶが美味

COFFEE

日光珈琲
オリジナルブレンド
¥1,215（150g）
自家焙煎した豆は店内での提供はもちろん、購入もできる

Cheesecake

チーズケーキ
セット ¥1,320
濃厚でどっしりとしたチーズケーキ。ほのかに酸味が効いている

3

4

5

1.当時の柱や梁はそのままに改装。月日を経た木の温かみが感じられる　2.鹿沼市で栽培されたそば粉を使用。定番のチーズ、ベーコン、ホウレンソウ、温泉卵がガレットのなかに。スープ、サラダ、ドリンクがセット　3.店内奥には庭があり眺められる　4.天井を見上げると明り取りの窓が　5.青いタイルが映えるオープンキッチン

Scone

**スコーンセット
＋好きな飲物
¥1,050～**

5種類のスコーン
から2種類を
チョイス♪

カフェラテ
¥600
ていねいに描か
れたかわいらし
いラテアート

LATTE ART

駅前の老舗喫茶で
ケーキと軽食を

カフェ・フルール

昭和52(1977)年のオープ
ン以来変わらず駅前で店を
構える。当時から人気が高
いチーズケーキのほか、コー
ヒーにも根強いファンが。

1.白と青を基調とした外観。
観光客のみならず地元民に
も40年以上愛されている
2.カジュアルな店内で、濃厚
なボルシチセットやバートー
ストなどもいただける

日光駅周辺 **MAP**付録 P.7 C-3
☎0288-54-3113 休 不定休
🕐9:00～17:00 📍日光市松原町
12-1 🚃東武日光駅からすぐ、
JR日光駅から徒歩3分 🅿なし

ステキ喫茶

北欧を思わせる
ほっこり温かい店

Cafe Karin

カフェカリン

木のぬくもりあふれる落ち
着いた空間で、極上の紅茶
ややさしい味わいのスイー
ツが楽しめるカフェ。

1.ドリンクはイートインだけでなく、テイクアウトもOK 2.店内は吹
き抜けになっていて、ところどころに北欧の小物が配されている

日光駅周辺 ▶
MAP付録 P.6 B-2
☎0288-53-6722 休 火
・水曜 🕐12:30～17:30
📍日光市御幸町574-1
🚌JR・東武日光駅から東武
バス中禅寺湖方面行きで5
分、日光支所前下車すぐ
🅿7台

**チーズケーキ
セット
¥980**

CHOCOLATE

チョコケーキ ¥500
ベルギー産のチョコを使っ
たスポンジの間にはバ
タークリームがたっぷり

HOT SANDWICH

**焼きサンド
セット ¥1,200**
小腹が空いたときにぴっ
たりのホットサンド。コー
ヒーor紅茶がセット

チーズケーキの
上層にはサワー
クリームが☆

RELAX

1.暖かい季節は外を感じら
れるテラス席が人気 2.店
内は二社一寺の彩色をして
いる職人に塗装を依頼

クリームあんみつと抹茶 ¥1,320
こだわりのあんみつと苦みの効いた
抹茶は相性バッチリ

世界遺産・日光山内で
贅沢な気分を満喫

★ 日光本宮カフェ 🎵

にっこうほんぐうカフェ

神主の職舎だった建築を改装した
というだけあり、昔ながらの梁や
骨組みなど趣が感じられる。スイ
ーツや食事メニューも充実。

東照宮周辺 **MAP**付録 P.8 B-3
☎0288-54-1669 休 木曜 🕐10:00
～17:30 📍日光市山内2384 🚃JR・東
武日光駅から東武バス中禅寺湖方面行き
で9分、神橋下車すぐ 🅿5台

金谷ホテルベーカリ
ーの特製ロイヤル
ブレッドを使用

**クラムチャウダー in
ロイヤルブレッド
¥1,430**

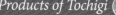

Souvenir

SO GOOD!

家にお持ち帰りしたい♡

マストバイ!日光のステキみやげ

おうちに持ち帰りたいメイドイン栃木のおみやげをピックアップ♪
おいしいスイーツにドリンク、日光ならではの雑貨など気になるモノばかり!

電車に乗る前にお持ち帰りしたい♡

Ⓐヨーグルト 各¥648
発売するやいなや大人
気になったそう。加糖
と無糖がある

サクッとした食感が魅力♡バター香る煎餅

Ⓐ日光甚五郎煎餅
各¥450〜
さくっとした食感が絶妙。種類が多
くて迷っちゃいそう
1.じゃがバター 2.ジュエリーハート
3.ブラックペッパー

Ⓐニルバーナレア
¥648
レアチーズケーキの下には
ソフトクッキーが

MUST BUY
1
甘いモノ

御用邸の歴史を感じるお印♪

Ⓑボンボニエール ¥1,550
フランス語でボンボン(砂糖菓
子)を入れる小箱のこと

Ⓑ落雁(和三盆)
¥1,250
折り鶴や楓などがデザイン
された落雁12個入り

Ⓑ金平糖 各¥550
オリジナルのガラス器
に入れよう

KIRA KIRA

い 日光甚五郎煎餅本舗 石田屋

にっこうじんごろうせんべいほんぽいしだや

塩とバターを生かした軽い食感の煎餅が人気。

東照宮周辺 ▶ **MAP** 付録 P.8 A-3

☎0288-53-1195 休第1・3水曜 ⏰8:30～17:00 📍日光市本町4-18 🚌JR・東武日光駅から東武バス中禅寺湖方面行きで10分、西表参道下車、徒歩3分 🅿10台

ろ 日光田母沢御用邸記念公園

にっこうたもざわごようていきねんこうえん

歴史建築と皇室文化に触れられる（▶P.60）。

東照宮周辺 ▶ **MAP** 付録 P.8 A-3

☎0288-53-6767 休火曜（祝日の場合は翌日休、GWなどは無休）⏰9:00～16:00 💴大人600円、小・中学生300円 📍日光市本町8-27 🚌JR・東武日光駅から東武バス中禅寺湖方面行きで12分、日光田母沢御用邸記念公園下車すぐ 🅿113台（うち大型車10台）

は 明治の館 ケーキショップ 日光駅前店

めいじのやかたケーキショップにっこうえきまえてん

伝統を受け継ぐチーズケーキの名店。

日光駅周辺 ▶ **MAP** 付録 P.7 C-3

☎0288-54-2149 休不定休 ⏰10:00～18:00 📍日光市松原町4-3 🚌東武日光駅からすぐ、JR日光駅から徒歩3分 🅿なし

に 小野糀店 おのこうじてん

こだわりの糀を使った味噌や甘酒が楽しめる。

日光 ▶ **MAP** 付録 P.5 D-3

☎0288-26-8333 休不定休 ⏰8:30～17:30 📍日光市塩野室町796-1 🚌東武線下今市駅から車で20分 🅿7台

ほ Nikko Brewing ニッコーブルーイング

クラフトビール醸造所。併設のタップルームではクラフトビールの購入ができる。BBQの施設もオープン。

日光 ▶ **MAP** 付録 P.5 D-4

☎0288-25-3631 休火曜 ⏰10:00～18:00 📍日光市木和田島1564-4 🚌JR下野大沢駅から徒歩17分 🅿8台 📍道の駅 日光（**MAP** 付録 P.9 D-3）でも販売

へ WOOD MOCC ウッドモック

日光彫や木のおもちゃ、器などを取り扱う。

日光駅周辺 ▶ **MAP** 付録 P.6 B-3

☎0288-54-0404 休水曜（祝日の場合は営業）⏰9:30～17:00 📍日光市松原町9-2 🚌東武日光駅からすぐ、JR日光駅から徒歩3分 🅿4台

と 日光金谷ホテル ギフトショップ

にっこうかなやホテルギフトショップ

おみやげを買うだけでもOKなのでお気軽に。

日光駅周辺 ▶ **MAP** 付録 P.6 A-2

☎0288-53-1361 休無休 ⏰8:00～18:00（季節により変動あり）📍日光市上鉢石町1300 🚌JR・東武日光駅から東武バス中禅寺湖方面行きで8分、神橋下車、徒歩5分 🅿60台

DELICIOUS

Yummy!

旬のフルーツを組み合わせた新しい甘酒

は フルーツ甘酒 各¥450
米と糀のみでつくった、昔ながらの甘酒
1.黒糖生姜 2.とちおとめ 3.りんご

MUST BUY **2** 飲みモノ

ほ THE NIKKO MONKEYS 各¥690
拡大培養の酵母と奥日光の水で造ったクラフトビール
1.苦味と甘味が好バランスな「PREMIUM LAGER」2.フルーティーな味わいの「PALE ALE」

奥日光の天然水を生かしたクラフトビール

職人の想いがこもった逸品

へ 日光彫小物入れ ¥5,832
職人がひとつひとつ手彫り。一生モノにしたい

MUST BUY **3** コモノ

憧れの老舗ホテルを訪れて…

と 140字メモ用箋 ¥360
クラシックなロゴが愛らしい

THE KANAYA NIKKO, JAPAN. HOTEL.

日光駅前にもおみやげ店がたくさんあるので、チェックしてみよう。

買いたい、あげたい、食べたい!
買わざるを得ない猿GOODS&SWEETS

日光東照宮にある三猿の彫刻は、もはや日光のシンボル。
お守りはもちろん、スイーツや雑貨にまで猿モチーフがいっぱい!

フレッシュなみかんを使用。爽やかな甘さ

どの顔の猿がトッピングされるかはお楽しみ

猿のチョコとラスクをON!

ここにも三猿

サクサクのラスクはジェラートによく合う

甘酸っぱい苺シャーベットは後味さっぱり

Ⓑ ジェラート&ラスク ¥648

3種類全部そろえたい

幸運を運んでくれる

健康や厄除け、交通安全、学業成就まで祈願

Ⓐ 三猿人生守 各¥1,000

GOOD!!

健康祈願のお守り♪

お財布に入れて持ち歩こう

どんな結果でも、神のご加護を祈れば運気UP

Ⓐ 鈴付き三猿 ¥500

馬を病から守るという猿。力を分けてもらおう

Ⓐ 三猿みくじ ¥200

Ⓒ にほんかし 雲IZU 日光店
にほんかしくもイヅにっこうてん

和でも洋でもない「にほんかし」をテーマに、独創的なお菓子を提案。愛嬌ある「SOPPO焼き」や、クリームたっぷりの生どら焼きが評判だ。

日光駅周辺 ▶ MAP 付録 P.6 A-2

☎0288-25-5158 休水曜 ⏰10:00〜16:00(季節により変動あり) ♀日光市上鉢石町1018 🚌東武バス神橋下車すぐ Ｐなし

店内で食べても、食べ歩きしてもOK

Ⓑ NIKKO NASUのラスク屋さん
ニッコウナスのラスクやさん

那須で人気のラスク専門店の日光店。10種類から2つを選べるジェラートは、ラスクと三猿のチョコがセットに。食べるのがもったいない!

日光駅周辺 ▶ MAP 付録 P.6 A-2

☎0288-25-5138 休木曜 ⏰10:00〜16:00(季節により変動あり) ♀日光市上鉢石町1039 🚌東武バス神橋下車すぐ Ｐなし

定番から季節品まで、ラスクの種類が充実

Ⓐ 日光東照宮
にっこうとうしょうぐう

徳川家康を祀る神社であり、大人気の観光スポット。神馬を繋ぐ神厩舎に猿の彫刻が施され、特に「見ざる、言わざる、聞かざる」の三猿が有名だ。

東照宮周辺 ▶ MAP 付録 P.8 B-2

☎0288-54-0560 休無休 ⏰9:00〜16:30(11〜3月は〜15:30) ♀日光市山内2301 🚌東武バス西参道入口下車、徒歩10分 Ｐ200台(有料)

三猿守りは神厩舎の横で販売されている

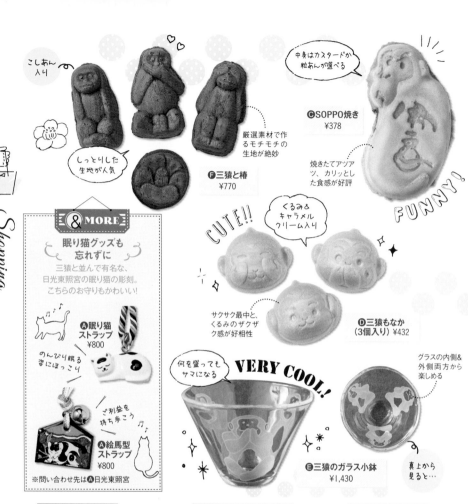

こしあん入り

しっとりした生地が人気

厳選素材で作るモチモチの生地が絶妙

Ｆ三猿と椿
¥770

中身はカスタードか粒あんが選べる

Ｃ SOPPO焼き
¥378

焼きたてアツアツ、カリッとした食感が好評

FUNNY!!

CUTE!!

くるみ＆キャラメルクリーム入り

サクサク最中と、くるみのザクザク感が好相性

Ｄ三猿もなか
（3個入り）¥432

&MORE

眠り猫グッズも忘れずに

三猿と並んで有名な、日光東照宮の眠り猫の彫刻。こちらのお守りもかわいい！

のんびり眠る姿にほっこり

Ａ眠り猫ストラップ
¥800

ご利益を持ち歩こう

Ａ絵馬型ストラップ
¥800

※問い合わせ先はＡ日光東照宮

何を盛ってもサマになる

VERY COOL!

グラスの内側＆外側両方から楽しめる

Ｅ三猿のガラス小鉢
¥1,430

真上から見ると…

Ｆ 日光人形焼みしまや
にっこうにんぎょうやきみしまや

日光彫の専門店「三島屋」に併設する人形焼店。ハチミツ入りの生地は弾力があり、中には上品な甘さのこしあんがたっぷり入っている。

日光駅周辺 ▶ MAP 付録 P6 B-3

☎0288-54-0488　休 木曜　⌚9:30～売り切れまで　♀日光市石屋町440
♨JR・東武日光駅から徒歩10分
Ｐ1台

三猿の人形焼は1個¥170で購入できる

Ｅ cafe&gallery 仁右衛門
カフェアンドギャラリーにえもん

ギャラリーには、全国の窯元からセレクトした器や雑貨がずらり。こだわりの抹茶を使ったスイーツ、コーヒーを味わえるカフェもおすすめ。

日光駅周辺 ▶ MAP 付録 P6 B-3

☎0288-54-0382　休 水曜、第2・4木曜
⌚11:00～16:30（カフェは～16:00）
♀日光市石屋町418-1
♨JR・東武日光駅から徒歩5分　Ｐ2台

日常使いにぴったりの陶器がそろう

Ｄ TENTO chocolate
てんとちょこれーと

80年以上の歴史を持つ「日昇堂」からチョコレートブランドが誕生。三猿をモチーフにしたもなかは、コロンとしたフォルムと表情がキュート！

日光駅周辺 ▶ MAP 付録 P6 A-2

☎0288-53-0534　休 不定休
⌚11:00～16:00　♀日光市上鉢石町1038-1　♨東武バス神橋下車すぐ
Ｐ1台

かわいいパッケージのおみやげもチェックを

Welcome!

Kanaya Hotel

現存する日本最古の西洋式ホテル

日光金谷ホテルでプレミアムな時間を

日光を旅する多くの人をもてなしてきた「日光金谷ホテル」。
趣ある建物や名物料理で、ひとときのステキな時間を過ごしましょう。

Retro

歴史を感じる見どころたっぷり

創業150周年を迎え長い年月が経った独特の構造で、まるでタイムスリップしたかのよう。彫刻や調度品など、どれも興味深く見飽きることがない。

フロント
かつて地下だった部分にある、重厚感あるフロント

GURUUUUN!

回転扉
昭和初期、本館の改築以前から使用されている

日光金谷ホテル
にっこうかなやホテル

明治6（1873）年創業。現存する日本最古の西洋式ホテルとして、宿帳にはアインシュタインなど国際的な著名人の名前も残る歴史ある宿。立ち寄りでもレトロな建物の見学やランチ、ショッピングなどが楽しめる。

日光駅周辺 ▶ **MAP** 付録 P.6 A-2
☎0288-54-0001 休無休 ▶見学自由
⌂日光市上鉢石町1300 ♥JR・東武日光駅から東武バス中禅寺湖方面行きで8分、神橋下車、徒歩3分 ℗60台

細かい意匠にも注目！

赤いランプ
今でも現役の、ダイニング前の階段にある赤いランプ

ZZZ...

眠り猫
東照宮でおなじみの眠り猫をここでも発見！

Colorful Art

格間画
小食堂の格天井に描かれた色鮮やかな格間絵

ホテルならではの非日常空間を満喫

gorgeous!!

メイン
ダイニングルーム

明治、大正時代をほうふつとさせるクラシックな調度品が並ぶ。

⏰7:30 ～ 9:30、11:30 ～ 14:30、18:00 ～ 20:00
🈳無休

優雅なランチタイムを堪能 ♪

日本のリゾートホテルのパイオニアともいえる「日光金谷ホテル」では、長い歴史の中で外国人に鍛えられた伝統の料理を味わえる。

プリフィックスランチ ¥6,000

季節で内容が変わるコースランチ。写真のメインは「常陸鴨のロースト 日光産舞茸のソース・シャスール風」。+¥1,200で名物「百年ライスカレー」も追加できる

肉厚のニジマスが自慢の「日光虹鱒のソテー金谷風」は、プリフィックスランチに追加料金で選べます。

WOW!

おとなの隠れ家バーで1杯

シングルモルトウイスキーを常時200種類以上取りそろえている。冬は大谷石で造られた暖炉が灯され、より雰囲気のある空間に。

バー「デイサイト」

ジャズが流れる店内でオリジナルカクテルをいただこう。

🈳月・木曜 ⏰17:00～23:00

カバーチャージ
1人¥600

あの有名人も泊まる♪

憧れのお部屋に泊まってみよう

2023年に別館のリニューアルを実施し、昭和初期の趣と伝統を残しながら、さらに優雅に過ごせる宿に進化。昔の薫り漂うクラシックホテルでゆったり過ごしたい。

¥1泊2食付 平日48,500円～、休前日52,500円～
(1室2名利用時、別館ROYAL HOUSEデラックスタイプ)
IN 15:00
OUT 11:00

アインシュタインやヘレンケラー、夏目漱石も滞在した部屋もあります。

オリジナル商品をおみやげに

名物「百年カレーパイ(1個¥500・数量限定)」をはじめ、金谷ホテルオリジナルの商品はおみやげとしてもよろこばれる。

ギフトショップ

パンやクッキーなどの食品から、甲州印伝などの雑貨まで取りそろえる。

📞0288-53-1361
🈳無休 ⏰8:00～18:00
(季節により変動あり)

オリジナルドリップコーヒー ¥900
ダイニングルームで提供されているコーヒーを自宅でも

チョコレートバー ¥594
看板をモチーフにしたチョコ(ミルク・ビター)

SO CUTE♥

九谷焼「長角皿」 ¥3,050
日光東照宮の三猿がかわいらしい

ピンバッジ 各¥850
神橋や虹鱒などがかわいい手描き風イラストに

古き良き時代に思いをはせて
日光レトロ建築めぐり

明治の頃から避暑地としてにぎわった日光。
皇室の御用邸や外国人の別荘などレトロな建物を見学に行こう。

明治・大正・昭和の
建築美に酔いしれる

IT'S JAPANESE BEAUTY

伝統美と異国情緒に
包まれます

建物の中は

Look! 職人技

最高の材と技術が費やされた御用邸ならではの、細部にまで至る細工

1. レトロモダンな照明スイッチ　2. ガラスに金を溶かして発色させた、瀟洒なガラスのランプシェード　3. 部屋ごとに異なる意匠を持つ釘隠し

日光田母沢御用邸記念公園
にっこうたもざわごようていきねんこうえん

明治32（1899）年に造営された、後の大正天皇のご静養地。江戸から大正期の建築様式が共存する全106室の建物は、国内最大級の木造建築であり、皇室文化にふれることができる国指定の重要文化財。

東照宮周辺 ▶ MAP 付録 P.8 A-3

☎0288-53-6767　休日曜（祝日の場合は翌日休、GWなどは無休）　時9:00～16:00　料大人600円、小・中学生300円　所日光市本町8-27　交JR・東武日光駅から東武バス中禅寺湖方面行きで12分、日光田母沢御用邸記念公園下車すぐ　P113台

Must buy!

御用邸　金つば
6個入り
¥850
菊の御紋をかたどった田母沢オリジナル商品

秋にはカエデを中心に庭園を彩る紅葉の競演が見事

イタリア大使館別荘記念公園
イタリアたいしかんべっそうきねんこうえん

外交官でもあり建築家だったアントニン・レーモンドが昭和3（1928）年に建築した別荘を、当時の設計図を元に忠実に復元。日本の伝統とモダニズムが融合したデザインが随所に見られる。1階にはカフェもあり。

ARTFUL

中禅寺湖畔 ▶ **MAP** 付録 P.9 A-2
📞0288-55-0880（日光自然博物館）🈺4月は月曜、5〜11月は無休 🕐4月、11月11〜30日の9:00〜16:00（5月1日〜11月10日は〜17:00）💴大人300円、小人150円（隣接の英国大使館別荘記念公園との共通券は大人450円、小人150円）📍日光市中宮祠2482 🚌JR・東武日光駅から東武バス中禅寺湖方面行きで45分、中禅寺湖温泉で東武バス中禅寺スカイライン半月山行き中禅寺温泉駅（季節運行）に乗り換えて5分、イタリア・英国大使館別荘記念公園入口下車、徒歩5分（運行日以外は中禅寺温泉駅から徒歩30分）🅿なし（歌ヶ浜駐車場から徒歩15分）

高いデザイン性にも注目！

杉皮張りのモザイク調の壁が森の景観と調和する

Look! デザイン 周辺環境との調和を大切にした内外装

1. 多彩な模様と異素材を組み合わせた居間の壁 2. 六角形や菱形をデザインに取り入れた竹の天井

1
2

JAPANESE MODERN

1階、2階とも中禅寺湖に面し、奥日光の四季折々の眺望が目の前に広がる

&MORE

日光の玄関口もレトロなたたずまい

JR日光駅
ジェイアールにっこうえき

大正ロマンの空気感を今に伝える

ネオルネッサンス様式の木造洋風建築の駅舎は、大正元（1912）年に建てられた。現在も現役で、旧一等待合室（ホワイトルーム）の大型シャンデリアは一見の価値あり！

日光駅周辺 ▶ **MAP** 付録 P.7 C-3
📍日光市相生町115

EAT!
スコーン

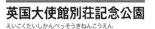

ティールームでいただけるスコーンは館内で焼かれる。スコーン（英国紅茶付き）¥1,500

英国大使館別荘記念公園
えいこくたいしかんべっそうきねんこうえん

中禅寺湖のほとり、英国文化の気品を感じる建物は、明治29（1896）年にアーネスト・サトウの個人別荘として誕生した。国際避暑地の礎となった歴史や当時のイギリスの暮らしぶりなども学べる。

中禅寺湖畔 ▶ **MAP** 付録 P.9 A-2
📞0288-55-0880（日光自然博物館）🈺4月は月曜、5〜11月は無休 🕐4月、11月11〜30日の9:00〜16:00（5月1日〜11月10日は〜17:00）💴大人300円、小人150円（隣接のイタリア大使館別荘記念公園との共通券は大人450円、小人150円）📍日光市中宮祠2482 🚌JR・東武日光駅から東武バス中禅寺湖方面行きで45分、中禅寺湖温泉で東武バス中禅寺スカイライン半月山行き中禅寺温泉駅（季節運行）に乗り換えて5分、イタリア・英国大使館別荘記念公園入口下車、徒歩5分（運行日以外は中禅寺温泉駅から徒歩30分）🅿なし（歌ヶ浜駐車場から徒歩15分）

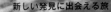

雲海、絶景〜♪

kirifurikogen

高原リゾートの絶景を満喫する

BEさわやか！霧降高原ドライブ

高原の絶景ポイントを、クルマでぐるりとひとめぐり。
可憐なニッコウキスゲ観賞や、牧場での動物とのふれあいも楽しみ♪

ニッコウキスゲとは？

多年草。花茎の高さは80cmほどで黄色の花をつける。日光に多く咲くことからこの名がつけられた。開花時期は6月中旬〜7月中旬。

C 日光市霧降高原キスゲ平園地

にっこうしきりふりこうげんキスゲだいらえんち

ニッコウキスゲの群生地としても有名。晴れた日には関東平野を一望でき、雲海が広がる絶景が見られることも。レストハウス2階にはレストランを併設。

霧降高原　**MAP** 付録 P.4 B-2

B 山のレストラン やまのレストラン

自然に囲まれた北米風のたたずまいのカフェレストラン。グリルメニューが充実。ボリュームたっぷりの肉料理は特に人気。

霧降高原　**MAP** 付録 P.4 B-2

LUNCH

ポークリブの和風グリル¥2,860。豪快にかぶりつこう！

日光三名瀑

A 霧降滝

きりふりのたき

名前の由来は、2段に分かれた滝の、岩にぶつかる落水が霧のようになることから。遊歩道の先に観瀑台がある。紅葉時の景観の美しさは格別。滝の詳細 **▶▶P.64**

霧降高原　**MAP** 付録 P.4 B-2

新緑や紅葉など、季節によって変わる自然の中を流れ落ちる神秘的な滝

D 六方沢橋	C 日光市霧降高原キスゲ平園地	B 山のレストラン	A 霧降滝	日光宇都宮道路 日光IC
				START
《🚗》 約1.7km	《🚗》 約8.0km	《🚗》 約190m	《🚗》 約5.2km	

A／霧降滝　☎0288-22-1525（日光市観光協会）　🕐見学自由　📍日光市所野　🚃JR・東武日光駅から東武バス霧降高原または大笹牧場行きで10分、霧降の滝下車、徒歩20分　🅿約100台　**B／山のレストラン**　☎0288-50-1525　🕐水曜（祝日の場合は営業）、1〜3月冬季休業　📍日光市所野1546-2　🕐11:00〜19:00　📍日光市所野　🚃JR・東武日光駅から東武バス霧降高原または大笹牧場行きで10分、霧降の滝入り口下車すぐ　🅿100台　**C／日光市霧降高原キスゲ平園地**　☎0288-53-5337　🕐見学自由　📍日光市所野　🚃JR・東武日光駅から東武バス霧降高原行きで28分、霧降高原下車すぐ　🅿P1:23台、P2:20台、P3:135台　**D／六方沢橋**　☎0288-22-1525（日光市観光協会）　🕐見学自由　📍日光市瀬尾　🚕タクシーで20分　🅿約50台

Drive Map

- E 日光霧降高原 大笹牧場
- D 六方沢橋
- C 日光市霧降高原キスゲ平園地

霧降高原

- A 霧降滝
- B 山のレストラン
- F 日帰り温泉「ほの香」

東照宮

120 日光宇都宮道路 日光

にっこう

247

東武日光線
日光線

START & GOAL

断崖絶壁

ドライブはまだまだ続くよ〜

D 六方沢橋
ろっぽうざわばし

谷底からの高さは134m。断崖絶壁を結ぶ橋の前後に駐車場がある。橋の上を歩いて、標高1434mから眺める関東平野の景色を堪能しよう。

霧降高原 ▶ MAP 付録 P.4 B-2

E 日光霧降高原 大笹牧場
にっこうきりふりこうげんおおざさぼくじょう

FARM

So Cute ♥

周辺には高原の豊かな自然が広がる。ヤギなどの動物たちにエサをあげたり、併設の体験工房でアイスクリームやバターづくりが体験できる。

霧降高原 ▶ MAP 付録 P.4 B-2

F 日帰り温泉「ほの香」
ひがえりおんせんほのか

霧降高原の玄関口にある「ホテルカジュアルユーロ」内の日帰り温泉施設。自家源泉100%の掛け流し。美肌効果のある湯で、旅の疲れを癒やして。日帰り利用¥600。

霧降高原 ▶ MAP 付録 P.4 B-3

温泉

開放感ある露天風呂で、のんびりリフレッシュ

Gourmet & Souvenir

牛乳ワッフル
5枚入り
¥1,300
ブラウンスイスバターの風味が絶品

ミルク
ソフトクリーム
¥480
濃厚でほんのりとした甘みがあとを引くおいしさ

🔭 ドライブポイント

- ★ ニッコウキスゲの開花時期に合わせていくのがベスト。花の開花時間は朝から夕方まで。
- ★ 「霧降」という名前の通り、霧が発生しやすい地域。注意して運転を。
- ★ 冬季はタイヤチェーンを忘れずに!

問い合わせ
日光市観光協会 ☎0288-22-1525

日光
宇都宮道路
日光IC
GOAL

F 日帰り温泉「ほの香」

E 日光霧降高原 大笹牧場

≪ 🚗 ≪ 約2.9km

≪ 🚗 ≪ 約6.9km

走行時間
約1時間30分

走行距離
約43km

E／日光霧降高原 大笹牧場 ☎0288-97-1116 休無休(1～2月は水・木曜)※体験は4月下旬～11月上旬の週末と夏休み期間に実施 ⏰8:45～16:45 ¥入場無料 ♀日光市瀬尾大笹原3405 P600台 F／日帰り温泉「ほの香」 ☎0288-53-0500 休不定休 ⏰10:30～21:00 ¥500円 ♀日光市所野1550-38 JR・東武日光駅から東武バス霧降高原行きで5分、丸美下車すぐ P20台

キスゲ平園地にあるレストハウス2階のレストラン「日光霧降珈琲」では、霧降高原牛を使用したオリジナルカレーや霧降ブレンド珈琲が人気。

Discovery

霧降高原ドライブ

Heart Detox

積もった
うっぷんよ、
さようなら〜

豪快派？それとも癒やし派？
日光の滝で心をデトックス

日光には一度は訪れたい日本を代表する滝の名所がたくさん。
マイナスイオンたっぷりの水しぶきを浴びて、心も体も浄化されちゃおう！

霧降滝
Kirifurinotaki

細やかな霧が降り注ぐ幻想的な情景にうっとり

FALL DATA

高さ	75m
	上段 25m・下段 26m

爆音度
☆☆☆

水しぶきに癒やされる度
☆☆☆☆☆

こんな滝です！

滝は上下2段に分かれていて、落水が岩にぶつかることでまるで霧のように舞うことからこの名がついたそう。周囲の景色がまた素晴らしい。

PHOTO ADVICE 📷

観瀑台があるのは遊歩道のゴール地点。季節によって、新緑や紅葉と滝のコラボレーションが楽しめる。

霧降高原 ▶ MAP 付録 P.4 B-2
☎0288-22-1525（日光市観光協会）●見学自由 ●日光市所野
🚌JR・東武日光駅から東武バス霧降高原行きで10分、霧降の滝下車、徒歩20分 🅿約100台

華厳滝
Kegonnotaki

絶壁から降り注ぐ水しぶきと轟音は圧巻！

FALL DATA

高さ	97m
水量	0.3t／秒

爆音度
☆☆☆☆☆

煩悩吹き飛ぶ度
☆☆☆☆☆

こんな滝です！

和歌山県・那智ノ滝、茨城県・袋田ノ滝と並ぶ、日本三名瀑のひとつ。エレベーターで観瀑台まで降りられ、間近で迫力満点の滝を眺められる。

PHOTO ADVICE 📷

早朝に訪れると虹がでていることが！ また華厳滝から約2km離れた「明智平展望台」 ▶P.67 からの眺めもおすすめ。

中禅寺湖畔 ▶ MAP 付録 P.9 B-1
☎0288-55-0030（華厳滝エレベーター）●無休 ●8:00〜17:00（冬季は9:00〜16:30）●日光市中宮祠2479-2
🚌JR・東武日光駅から東武バス中禅寺湖行きで48分、中禅寺温泉下車、徒歩5分 🅿200台（有料）

冬も見ごたえあり！

道の途中サルに出会えるかも?!

| So Cute ♥ |

遠くから見ても

花とのコラボ❀

Discovery

日光の滝

湯滝
Yudaki

豪快な水しぶきとともに滝つぼまで一気に落水！

FALL DATA

高さ	70m
長さ	110m

爆音度
☆☆☆☆

滝壺へデトックス度
☆☆☆☆☆

こんな滝です！

奥日光三名瀑のひとつで、水源は湯ノ湖。奥日光のさらに奥地にあるため観光客が少なく、静かに眺めたい人にぴったりの穴場スポットだ。

PHOTO ADVICE 📷

滝つぼに降りられ、その近くに観瀑台がある。周囲は自然があふれていて、秘境を思わせる雰囲気がグッド。

▶ 戦場ヶ原 ▶ MAP 付録 P.4 A-2

☎0288-22-1525（日光市観光協会）🚶見学自由 ◎日光市湯元 🚌JR・東武日光駅から東武バス湯元温泉行きで60分、湯滝入口下車、徒歩5分 🅿58台

竜頭滝
Ryuzunotaki

竜の頭のような岩の上を美しく水が流れ落ちる

FALL DATA

高さ	210m
幅	10m

爆音度
☆☆☆

邪心よサヨナラ度
☆☆☆☆☆

こんな滝です！

全長約210mの滝が、滝つぼに落ちる手前で2つに分かれる。その姿がまるで竜の頭のようだと観光客に人気。滝つぼの壮大さは必見！

PHOTO ADVICE 📷

観瀑台は滝つぼそば。5月下旬〜6月上旬のトウゴクミツバツツジや10月上旬〜中旬の紅葉とのコラボは見ごたえあり。

▶ 中禅寺湖 ▶ MAP 付録 P.4 A-3

☎0288-22-1525（日光市観光協会）🚶見学自由 ◎日光市中宮祠 🚌JR・東武日光駅から東武バス湯元温泉行きで60分、竜頭の滝下車すぐ 🅿約40台

「日光四十八滝」という呼び名があるほど、日光には滝の名所が多い。全部まわればよりデトックスされるかも?!

autumn leaves

一度は見たい絶景

NIKKO 紅葉コレクション

山全体が真っ赤に染まる奥日光の紅葉。
ドライブしながら、展望台から、自然がつくりだす芸術作品を鑑賞しよう。

真っ赤に染まる
山や草原を
見に行きましょう♪

\ AMAZING /

足元から続く、
180度の大パノラマ紅葉！

point

展望台の標高は
1373m。紅葉撮
影は展望台駅2階
の展望台がベスト。

日光の紅葉

●見ごろは？

10月中旬から下旬にかけて。その年により異
なるので出かける前の情報収集は忘れずに。

●見学ポイント

景勝地にある展望台は、アクセスも便利で、
雄大な自然の景観を楽しめる。

●ゆとりを持った行動計画を

紅葉シーズンは渋滞必至。日光駅から中禅寺
湖までは、通常35分程度のところ2時間以上
かかる日もあるので注意。

初夏から夏にかけての、緑に包まれた華厳滝も壮観

ロープウェイで展望台へ。
約3分で日光の自然美を
満喫できる展望台に到着

66

Ⓐ 明智平展望台

あけちだいらてんぼうだい

中禅寺湖から流れ落ちる華厳滝を、周囲の自然とともに一望できる景勝地。

中禅寺湖 ▶ **MAP** 付録 P.4 A-3

☎0288-55-0331（明智平ロープウェイ）　休無休（荒天時、メンテナンス時は運休）　🕐9:00〜15:30（時季により異なる）　💴大人往復1,000円、小人往復500円（明智平ロープウェイ）　📍日光市細尾町深沢709　🚃JR・東武日光駅から東武バス中禅寺湖温泉行きまたは湯元温泉行きで40分、明智平下車すぐ　Ⓟ57台（有料）

Ⓑ いろは坂

いろはざか

日光市外と中禅寺湖を結ぶ道路で、標高差440m。上りと下りそれぞれのルートがある。

中禅寺湖 ▶ **MAP** 付録 P.4 A-3

☎0288-22-1525（日光市観光協会）　📍日光市細尾町　🚗日光宇都宮道路清滝ICから国道120号を中禅寺湖方面へ車で4km

Ⓒ 半月山展望台

はんげつさんてんぼうだい

中禅寺湖スカイライン終点の駐車場から展望台へは徒歩約30分。一見の価値あり。

中禅寺湖 ▶ **MAP** 付録 P.4 A-3

☎0288-22-1525（日光市観光協会）　休無休　🕐7:00〜17:00（中禅寺湖スカイラインの通行時間）、11月下旬〜4月中旬は通行止め　📍日光市中宮祠　🚃JR・東武日光駅から東武バス中禅寺湖方面行きで48分、中禅寺湖温泉で中禅寺湖スカイライン半月山線バス（7・8月、10・11月のみ運行。問い合わせは東武バス日光0288-54-1138へ）に乗り換えて20分、終点下車、徒歩30分　Ⓟ55台

Ⓓ 小田代原

おだしろがはら

木道が整備された周囲約3kmの湿原。初夏から秋にかけてはハイキングの人気スポット。

戦場ヶ原 ▶ **MAP** 付録 P.4 A-2

☎0288-62-2321（日光湯元ビジターセンター）　見学自由　📍日光市中宮祠　🚃JR・東武日光駅から東武バス湯本温泉行きで1時間6分、赤沼車庫下車、徒歩50分（赤沼車庫から奥日光低公害バスで12分、小田代原下車すぐ）　Ⓟ約150台（駐車場からは奥日光低公害バス乗車）

Discovery

紅葉コレクション

紅葉の中を走る感動体験！

point

紅葉の中を縫うように走る。カーブの数はなんと、上り下り合わせてなんと48も。紅葉の時季は10月中旬から下旬。

いろは坂は昭和62(1987)年に「日本の道100選」に選ばれている

これぞ、日光の絶景決定版

BEAUTIFUL!!!!

point

男体山を背にした中禅寺湖を見下ろす。紅葉と湖のコントラストを楽しんで。

男体山の火山活動で誕生した中禅寺湖。地球の神秘も体感

red carpet♪

珍しい湿原の紅葉に出会う

point

9月下旬から10月上旬、下草が色づき、一面紅葉絨毯のように赤く染まる。

夏から秋にかけてさまざまな植物が花開く自然の宝庫

標高の高い日光は寒暖差が激しく、赤や黄色の紅葉も鮮やか。ただし、見ごろは意外と短いので、現地の紅葉情報はこまめにチェックを。

okunikko walk

目指せ！竜頭滝
湿原ウォークも楽しいよ

深呼吸して、リフレッシュ

気分爽快!戦場ヶ原ハイキング

湖や、木道を歩く湿原、ふたつの滝をめぐる奥日光のハイキングコース。
野鳥のさえずりを聞きながら、Let's walk!

こんなお花に
出会えるよ

6月	6月	7月	7月	8月	8月	9月

レンゲツツジ	ワタスゲ	ノアザミ	ホザキシモツケ	アケボノソウ	アキノキリンソウ	エゾリンドウ

スタート

展望台も
あるよ

湯滝入口バス停

Advice

● **コースは下り道
だからラク**
コース内の最も標高
の高い場所まではバ
スで移動。

● **山の景観を
楽しもう**
戦場ヶ原越しの男体
山をはじめ、周囲の
山々の稜線まできれ
いに見渡せる。

● **こんな服装が
BEST!**
ウォーキングシュース
など歩き慣れた靴で。
夏でも気温差があるの
で、上着を持参しよう。

❶ 湯ノ湖 ゆのこ
周囲2.8km。北
側の湖畔には日
光湯元温泉が

高さ70m!

❷ 湯滝 ゆだき
滝の下の方で左右二股
に分かれる。側面に遊
歩道あり。詳細は ▶P.65

❸ 泉門池 いずみやどいけ
戦場ヶ原の北側の入口。
湧き水で透明度が高い

戦場ヶ原
ハイキング
コースMAP

❶ 湯ノ湖
湯滝レストハウス
❷ 湯滝
START
湯滝入口バス停
小滝
木立の間を
行く
光徳入口
小田代橋
❸ 泉門池
ここから
木道
左手には雑木の
森が広がる
青木橋
休憩所
1405.8
糠塚
❹ 戦場ヶ原
三本松 三本松茶屋
展望台
赤沼駐車場
小田代原
❺ 赤沼分岐
赤沼車庫
赤沼自然
情報センター
赤沼
小田代原
水辺を行く
平坦な道
石楠花橋
120
竜頭の橋
滝上
階段が続く
竜頭滝 ❻
GOAL
竜頭の滝バス停
龍頭之茶屋
西ノ湖
入口
千手ヶ浜
中禅寺温泉→
中禅寺湖

ここが竜！

ふた筋の滝の間の溶岩のかたちは、まさに竜の頭のよう。詳細は▶P.65

Route

START 湯滝入口バス停

🚌 JR・東武日光駅から東武バス湯元温泉行きで1時間17分

↓ 徒歩5分

① **湯ノ湖**

三岳の噴火でできた堰止湖。湖岸には散策路がある。

↓ 徒歩すぐ

② **湯滝**

湯ノ湖から流れ落ちる。滝壺近くに観瀑台がある。

戦場ヶ原 ▶ MAP 付録 P.4 A-2

↓ 徒歩45分

③ **泉門池**

戦場ヶ原に2つしかない池沼のひとつ。休憩ポイント。

↓ 徒歩55分

④ **戦場ヶ原**

日光国立公園の標高1400mに位置する、広大な湿原。

戦場ヶ原 ▶ MAP 付録 P.4 A-2

↓ 徒歩35分

⑤ **赤沼分岐**

戦場ヶ原自然研究路と小田代原方面の分岐点。

↓ 徒歩35分

⑥ **竜頭滝**

奥日光三名瀑のひとつ。溶岩の上を流れ落ちる。

戦場ヶ原 ▶ MAP 付録 P.4 A-3

↓ 徒歩すぐ

GOAL 竜頭の滝バス停

歩行距離	約 6.6km
歩行時間	約 2 時間 20 分
おすすめシーズン	6〜8 月
紅葉シーズン	10 月

車でまわるなら

駐車台数が150台と多く、無料の「赤沼駐車場」に車を駐めて散策するのがおすすめ。

⑥ **竜頭滝** りゅうずのたき

竜頭の滝バス停

ゴール

小川の水がきれい

⑤ **赤沼分岐** あかぬまぶんき

湿原を抜けると、周辺には林が広がる

④ **戦場ヶ原** せんじょうがはら

秋の湿原は、草が紅葉するよ

男体山が見える！

湿原には、季節によってさまざまな風景が広がる。途中休憩所もあり。

Discovery

戦場ヶ原ハイキング

コースはほとんど平坦なので、初心者でも安心。随所にあるテーブルやベンチで休憩しながら歩ける。竜頭滝へは階段が続く。

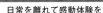

Yeahhh!!

Splash!

ドキドキが止まらない!

おとなの水遊び in 日光・鬼怒川

鬼怒川の大自然が織り成す渓谷美を楽しみながら、アクティブな水遊び!
澄んだ水しぶきを豪快に浴びて、太陽の下ではしゃいじゃおう♪

THRILLING!

WOW!

息を合わせて
急流を乗り越えろ!

体験 DATA

ラフティング

- ¥ 料金　大人 ¥8,300
  ※保険料 ¥500別途
- ⏱ 時間　3時間
- 予 予約　電話またはHPから要予約

4月中旬〜11月下旬に実施。料金にはガイド・装備一式が含まれる。水着、濡れてもいい靴(ビーチサンダル不可)、タオル等は持参で。無料温水シャワー完備。

爽快感満点♪
スリル＆ワイルドな
アクティビティ

NAOC ナオック

栃木県で初めてラフティングツアーを開催したパイオニア。熟練のガイドが案内するので安心して楽しめる。岩盤でできた川床と深い渓谷、滝など、つぎつぎと変わる美しい鬼怒川の景色を眺めながら、スリルと爽快感を満喫できる。大自然との一体感を味わおう。

鬼怒川温泉 ▶ MAP 付録 P.5 C-1

☎0288-70-1181 ●集合場所=日光市鬼怒川温泉滝871-2 ●東武線鬼怒川公園駅から徒歩5分(東武線鬼怒川温泉駅から送迎あり、要予約) P30台

GO!GO!

おつかれさまでした♪

LET'S TRY!

step 1　スタート前にレクチャー

GOOD!!

ボートに乗る前にていねいな説明と練習があるので、初心者でも安心。泳げなくても大丈夫!

ENJOY MORE

step 3　クリフジャンプ

DIVE!

人気のクリフジャンプにも挑戦。岩の上から川へダイブ!スリルと爽快感がたまらない。

LET'S GO!

キャニオニング

- Ⓨ 料　金　大人¥8,000 ※保険料¥500別途
- Ⓛ 時　間　3時間
- Ⓟ 予　約　電話またはHPから要予約

リピート率No.1。体ひとつで激流に飛び込んでワイルドに遊べる、まさに天然のアトラクション。開催時期は6月～10月上旬。

SUP

- Ⓨ 料　金　大人¥8,000 ※保険料¥500別途
- Ⓛ 時　間　3時間
- Ⓟ 予　約　電話またはHPから要予約

大きなサーフボードに立ってパドルで漕ぎ進む。流れも穏やかな場所なので初めてでも安心。開催時期は5月上旬～10月下旬。

step 2　ラフティングスタート!

HA HA HA HA

美しい景観を眺めながら、水しぶきを浴びて突き進む。仲間と協力し合って漕ぐ楽しさも魅力。

ココでも体験できる!

SUPならココ!

Sup!Sup!
サップサップ

人気上昇中のSUPを日本で最も空に近い湖・中禅寺湖で体験できる。装備一式レンタル込みで、基礎からていねいに教えてくれるので安心。

開催時期は4月下旬～10月下旬。SUPヨガや湖畔外ヨガなども開催

中禅寺湖▶
MAP 付録 P.4 A-3

📞050-6869-4561 Ⓡ
Ⓨ SUP体験 大人7500円　●集合場所:中禅寺湖畔ボートハウス(日光市中宮祠2480-1)
🚃 JR・東武日光駅から東武バス湯元温泉行きで58分、中禅寺金谷ホテル前下車すぐ
Ⓟ15台

ネイチャープラネット

自然を満喫しながら自分のペースでのんびり楽しめるのが、カヌーやカヤックの魅力。特別な装備なしで気軽にできるのもうれしい。

カヌー・カヤック・SUPはココ!

川治温泉▶
MAP 付録 P.5 C-1

📞0288-78-1177 Ⓡ
Ⓨ カヤック・カナディアンカヌー・SUP体験 大人各7000円
🚃野岩鉄道川治湯元駅から徒歩20分(送迎あり) Ⓟ5台

犬用ライフジャケットを用意しているのでワンちゃんも一緒に参加できます。開催時期は4月中旬～11月下旬

中禅寺湖を望むリゾートステイ

湖畔の宿でリラックス

中禅寺湖と雄大な日光の山々を望む、静かな水辺の温泉宿。
心やすらぐ景色と温泉でリフレッシュ、おいしい料理とおもてなしに癒やされて。

繊細な和のデザイン空間で極上のくつろぎを

Lake View

Relax Time

スパトリートメント

やさしい香りと静寂に包まれる空間
で、疲れをほぐし心と体を解放

Plan
1泊2食付
平日・休前日
¥85,055～

ザ・リッツ・カールトン日光
ザリッツカールトンにっこう

目の前に中禅寺湖や男体山を望
むラグジュアリーなホテル。手つ
かずの大自然と、日光の伝統工
芸を生かしたデザインが美しく調
和する。ザ・リッツ・カールトンブ
ランド初の温泉大浴場では、とろ
りとした乳白色の湯に癒やされる。

中禅寺湖 ▶ MAP 付録 P.9 B-1

☎0288-25-6666 IN15:00 OUT12:00
🛏94室 ♀日光市中宮祠2482 🚃JR・
東武日光駅から東武バス中禅寺湖方面
行きで40分、ザ・リッツ・カールトン日光
下車すぐ 🅿25台

1.中禅寺湖ビュー・スイートのリビング。バルコニーからは雄大な景色が広がる　2.美しい四
季を眺める露天風呂。冬は雪景色も　3.栃木の旬の素材を生かした会席料理　4.アート作品や
本が並ぶライブラリー　5.落ち着いた音楽とお酒が楽しめるザ・バー

plan
1泊2食付
平日¥26,500〜

日光中禅寺湖温泉 ホテル花庵
にっこうちゅうぜんじこおんせんホテルはなあん

中禅寺湖畔の大鳥居のそばに建つ和モダンテイストの宿。お風呂では源泉掛け流しの硫黄泉と肌にやさしいアルカリ泉の2種類が楽しめ、女性向けのアメニティも充実しているのがうれしい。

中禅寺湖 ▶ **MAP** 付録 P.9 B-1

☎0288-51-0105 **IN**15:00 **OUT**11:00 **室**22室 **⚑**日光市中宮祠2480 **⚑**JR・東武日光駅から東武バス中禅寺湖方面行きで48分、中禅寺温泉下車、徒歩5分 **P**18台

「女性の癒やし」を追求した
きめ細やかなサービス

ウェルカムティー

専属ティープロデューサーが季節ごとに選ぶ、旬の紅茶でお出迎え

Relax Time

1.大谷石を使った露天風呂 2.中禅寺湖を望めるツインタイプの客室 3.朝夕で40種類の新鮮野菜を使った自慢の創作和食 4.美顔器ナノスチーマーの貸し出しも

Healing

奥日光ホテル 四季彩
おくにっこうホテルしきさい

まるで森の中で湯浴みをしているような、開放感抜群の露天風呂。湯は奥日光湯元から源泉掛け流しの硫黄泉を引いている。国産牛や日光湯波など、地の素材を生かした料理も好評。

中禅寺湖 ▶ **MAP** 付録 P.9 A-1

☎0570-022-251 **IN**15:00 **OUT**10:00 **室**36室 **⚑**日光市中宮祠2485 **⚑**JR・東武日光駅から東武バス中禅寺湖方面行きで45分、奥日光ホテル四季彩入口下車、車で2分(宿泊者のみ送迎あり、要電話) **P**36台

大自然に囲まれた
開放的な露天風呂

COMFORTABLE

plan
1泊2食付
平日¥22,000〜

客室露天風呂

露天風呂付き客室もあり、心ゆくままに、くつろぎの時が過ごせる

Relax Time

So Good♥

1. 奥日光の静寂に包まれる露天風呂。夜は満天の星も 2.ホッと落ち着く掘りごたつ付きの部屋もある 3.地産地消にこだわった会席料理

湖畔の宿

「ザ・リッツ・カールトン日光」のザ・バーでは、日光の「四代目徳次郎」の天然氷を使用したオリジナルカクテルもいただけます。

Essetic

極上のリラックスタイム

鬼怒川の温泉宿でごほうびスパ

四季折々の眺望を楽しみながら、効能豊かな湯が満喫できる鬼怒川温泉。
本格スパを併設した宿も多いので、温泉&トリートメントでたっぷり癒やされて。

*美しさの原点を求め
本当の自分自身と向きあう*

Relax...

spa menu

幸せを運ぶシグネチャー
トリートメント
¥28,600（90分）〜

アロマオイルを使ったボディケア。木や
花の香りに包まれる全身トリートメン
ト。女性はもちろん男性にもオススメ。

フローラルフットバ
スで、ゆっくりとリ
フレッシュ&リラッ
クス♪

海洋階層水、発
行米ぬかや和漢
成分を配合の
chi to sé true

Point

ボディ、フェイシャル、
ヘッドスパなどメニュー
充実の極上スパ

1.ミクロの泡が乳白色に見えるシルクバス、
心地よい浮遊感を感じる深湯露天風呂など男
女入替制で9種のお風呂が楽しめる　2.寛ぎ
のフロアー和洋室（10畳＋ツインルーム）。窓
辺のソファでのんびりくつろげる　3.有機野菜
や地元の食材を使った旬彩籠盛膳。新しいス
タイルの洋彩和膳や庭園を眺めながらいただ
く京風会席のプランもある

鬼怒川グランドホテル 夢の季
きぬがわグランドホテルゆめのとき

美しい日本庭園を囲むように建つ、
和の情緒豊かな湯宿。「BLOOMING
SPA KAIKA」では、日本発のスパ
用スキンケアchi to sé trueを使っ
たトリートメントは自然豊かな和漢
成分が肌に彩りをもたらし、癒しの
時をあなたに。

鬼怒川温泉　▶MAP 付録 P.5 C-2　GR

☎0288-77-1313　IN15:00　OUT10:00
🏠100室　¥1泊2食付26550円〜　♀日
光市鬼怒川温泉大原1021　🚃東武線鬼怒
川温泉駅から徒歩8分　P100台

若竹の庄 別邸笹音
わかたけのしょうべっていささね

全室に源泉掛け流しの半露天風呂が付き、しっとり落ち着いた和の雰囲気が魅力。客室からは鬼怒川が見下ろせる。エステでは、フェイシャル、リフレクソロジー、全身マッサージと豊富なメニューがそろう。

鬼怒川温泉 ▶ MAP 付録 P.5 C-1 🌸R
☎0288-76-3000 IN15:00 OUT10:00
🏠16室 ¥1泊2食付30950円〜 ♦日光市鬼怒川温泉藤原136 🚉東武線鬼怒川公園駅から徒歩8分 🅿40台

Spa menu

リンパマッサージ＆
コラーゲンマシン
¥7,500（45分）

リンパマッサージは好きな1か所を選び、肌深層部の細胞を活性化させるコラーゲンマシンとセットで。

自然治癒力を高める
オールハンドトリートメント

COMFORT...

Point
人が最も落ち着く環境をコンセプトにした空間で、優雅なひとときを

3

1.モダンな雰囲気が漂う客室は全4タイプ。全て半露天風呂付　2.雄大な景色を望む大浴場　3.器にもこだわった彩り豊かな会席料理

プライベートステイを叶えたいならこちらも

四季折々の渓谷美を
鬼怒川温泉とともに

AWESOME!

鬼怒川金谷ホテル
きぬがわかなやホテル

洗練された設えの客室から美しい鬼怒川の景観を望む宿。テラスに露天風呂を備えた部屋や檜のビューバス付の部屋もある。和敬洋讃の金谷流懐石も堪能したい。

鬼怒川温泉 ▶ MAP 付録 P.5 C-2 🌸R
☎0288-76-0001 IN14:00 OUT11:00
🏠41室 ¥1泊2食付41800円〜 ♦日光市鬼怒川温泉大原1394 🚉東武線鬼怒川温泉駅から徒歩3分 🅿30台

Point
鬼怒川渓谷を見下ろす和洋室露天風呂付き客室。ReFaブランドの備品も完備

1.鬼怒川の眺めを楽しめる「四季の湯」。樹齢2000年の檜が香る「古代檜の湯」もある　2.四季折々の食材で仕立てた献立　3.ダイニング「鉄板膳所かなや」では、目の前で焼き上げる鉄板焼きや、旬の食材を使用したバラエティ豊かな料理を味わえる

Healing

ごほうびエステ

「夢の季」のエステでは、トリートメント前のウェルカムドリンクにもフラワーエッセンスを取り入れている。

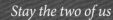

渓谷美に癒やされる

もっと奥へ……川治・湯西川でおこもりステイ

男鹿川と鬼怒川が合流する峡谷の湯治場・川治。平家伝説が残る山里・湯西川。
静寂に抱かれた、素朴な風情漂う温泉地で、安らぎのひとときを。

River View

Autumn

Spring

Winter

展望台付足湯があり、鬼怒川を眺めながら四季折々の風景が楽しめる

PLAN

1泊2食付
平日¥16,350〜

雄大な山並みを望む
絶景露天風呂

湯けむりの里 柏屋
ゆけむりのさとかしわや

大正15(1926)年創業の老舗宿。すべての部屋が川に面しており、大自然を感じながら時間を忘れてくつろぐことができる。山と川を望み四季折々の風景を楽しめる露天風呂が自慢。古くから湯治場として親しまれる川治の湯を堪能しよう。

川治温泉 ▶ **MAP** 付録 P.5 C-1

☎0288-78-0002 **IN**15:00 **OUT**10:00
🏠53室 ◉日光市川治温泉高原62
🚃野岩鉄道川治湯元駅から徒歩15分(送迎あり、要予約) **P**50台

1.川辺に張り出した開放感たっぷりの男性露天風呂。女性露天は春に桜が眺められる　2.渓流沿いにたたずむ情緒豊かな宿　3.渓流を眺める「花見亭」の客室一例。露天風呂付客室もある　4.日光高原牛など厳選した旬の素材を使い、ていねいに仕上げた会席料理(一例)

1 RELAX

▶付録 P.5 C-1

PLAN
1泊2食付
平日￥25,000～

里山の湯宿で非日常感を味わう

界 川治
かいかわじ

里山ならではのあたたかな風情ある水車が
お出迎え。客室にはローベッドとソファが
あり、くつろぎながら山の景色を楽しめる。

川治温泉 ▶MAP 付録 P.5 C-1
☎050-3134-8092（界 予約センター）
IN15:00 OUT12:00 ◆54室 ◆日光市川治温泉
川治22 ◆野岩鉄道川治湯元駅から車で5分（送
迎あり、定時便）◆40台

1.開放的で、四季折々の情緒を感じられる野趣あふれる
露天風呂 2.設えに地元の野州麻紙を使ったご当地部屋
3.栃木の名産であるかんぴょうやゆばなど、この地域なら
ではの素材を使った遊び心あふれる会席を楽しめる

2

3

歴史ロマンあふれる老舗宿

本家 伴久
ほんけばんきゅう

350余年の歴史を刻む平家ゆかりの
宿。木造りの宿特有の太い梁や柱
など、伝統と格式を今に残すノスタ
ルジックな雰囲気が魅力。

湯西川温泉 ▶MAP 付録 P.2 A-2
☎0288-98-0011 IN15:00 OUT10:00
◆26室 ◆日光市湯西川749 ◆野岩鉄道
湯西川温泉駅から日光交通バス湯西川温
泉行きで20分、本家伴久旅館前下車すぐ
◆50台

1.清流との一体感に癒やされる露天風呂。湯西川の源泉を掛け流し
で 2.湯西川に架かるかずら橋を渡って食事処へと向かう 3.炭火で
山の幸を焼く名物囲炉裏焼きと、旬の素材の創作会席料理を堪能

1

{ HISTORY }

PLAN
1泊2食付
平日￥22,300～

good!!

3

---

1 Nostalgia

2

3

PLAN
1泊2食付
平日
￥17,000～

平家屋敷の趣漂う高台の宿

上屋敷 平の高房
かみやしきたいらのたかふさ

2000坪の広大な敷地にわずか18室
という贅沢な造りで、まさに秘湯と
いった雰囲気。囲炉裏料理が味わえ
る食事処は立派な梁が印象的。

湯西川温泉 ▶MAP 付録 P.2 A-2
☎0288-98-0336 IN15:00 OUT10:00
◆18室 ◆日光市湯西川1483 ◆野岩鉄道
湯西川温泉駅から日光交通バス湯西川温泉
行きで25分、終点下車、徒歩20分（バス停
から送迎あり、要予約）◆20台

1.露天風呂はすべて自家源泉掛け流し。なめらかな湯で体ポカポカ
2.建物は風格のある砦形式の木造建築。古民家離れ2棟を含む4つの
宿泊棟が点在する 3.半露天風呂付きの和洋室もあり

「界 川治」では、石臼でのきな粉作りや烏山和紙の手漉き体験などの"ご当地楽"が楽しめる。

Healing

おこもりステイ

Hitokuchi Yokan

Azuki
SUGAR
Kanten

表参道に密集!!

一口羊かんを食べ比べ！
おみやげに渡しやすい一口サイズ

日光みやげといえば"羊かん"。なかでも一口羊かんは食べやすいと老若男女問わず、古くから愛されている。歴史ある店がこぞって販売する羊かんを徹底調査♪

一口塩羊羹 ¥170	一口羊羹 ¥160	一口羊かん ¥170	日光煉羊羹 ¥220	日光一口羊羹 ¥160
さっぱりとした味わいで、ほどよい塩気が甘みを引き立てている	製造日から時間をおくと表面の砂糖が固まり、また違った食感が楽しめる	昔ながらの手包みなので砂糖の食感がやんわり感じられるやさしい味わい	賞を受賞したことのある羊羹を一口サイズに。密閉型なので日持ちOK	定番人気の練りのほか、塩と大納言の3種類がラインナップする

3cm 5cm 1.5cm	3cm 4.5cm 1.5cm	3.5cm 4.5cm 1.5cm	2.8cm 7cm 1.7cm	2.8cm 4.5cm 1.9cm
きめ細かく練り上げられた餡の上質な舌ざわりは感動モノ!!	表面のシャリッとした砂糖の食感と餡のねっとりとした口どけが絶妙!	水ようかんに少し近い。餡はスッとやわらかく口どけがなめらか!	一番大きく食べごたえ抜群！つるんとなめらかな食感が特徴的	しっかりとした歯ごたえあり。歯切れのよさと甘みがベストマッチ!
甘さ ★★ 固さ ★★ 口どけ ★★★	甘さ ★★ 固さ ★ 口どけ ★★	甘さ ★★ 固さ ★ 口どけ ★★★	甘さ ★★ 固さ ★★★ 口どけ ★	甘さ ★★ 固さ ★★★ 口どけ ★

❶日光羊羹 錦半 大通り店
にっこうようかんわたはん おおどおりてん

日光で一番歴史のある天明7(1787)年創業。北海道十勝産の小豆を使い伝統的な製法を守り続ける。

日光駅周辺
▶MAP 付録 P.6 A-2
☎0288-53-3888 休水曜 ⏰9:00～17:00 📍日光市下鉢石町799 🚌バス停日光郷土センター前下車すぐ 🅿なし

❷三ツ山羊羹本舗
みつやまようかんほんぽ

創業は明治28(1895)年。最高の味がでる国産小豆を時season期ごとに厳選。羊羹は一つ一つ手包みしていて、昔ながらの竹皮で包む。

日光駅周辺
▶MAP 付録 P.6 A-2
☎0288-54-0068 休無休 ⏰8:00～18:30 📍日光市中鉢石町914 🚌バス停石町下車、徒歩3分 🅿10台

❸鬼平の羊羹本舗
きびらのようかんほんぽ

昭和初期創業の店。北海道十勝産小豆をていねいに練り上げ、豆本来のおいしさをじっくりと引き出している。ほどよい甘さ。

日光駅周辺
▶MAP 付録 P.6 A-2
☎0288-54-0104 休火曜、不定休 ⏰8:30～17:00 📍日光市中鉢石町898 🚌バス停石町すぐ 🅿10台

❹湯沢屋
ゆざわや

文化元(1804)年創業で酒まんじゅうが有名な和菓子店。羊羹をはじめ、さまざまな和菓子がそろう。イートインもある。

日光駅周辺
▶MAP 付録 P.6 A-2
☎0288-54-0038 休不定休 ⏰10:00～16:30 📍日光市下鉢石町946 🚌バス停日光支所前下車すぐ 🅿3台

❺吉田屋羊羹本舗
よしだやようかんほんぽ

明治初期創業の羊羹の老舗で、日光では初となる水ようかんを販売。充填式で日持ちがするのでたくさん買いやすい。

日光駅周辺
▶MAP 付録 P.6 A-2
☎0288-54-0009 休水曜、木曜不定休 ⏰9:00～17:00 📍日光市中鉢石町903 🚌バス停日光支所前下車すぐ 🅿5台

高原のめぐみ、そろってます

Nasu

新鮮なミルクを使ったチーズグルメやスイーツを、さわやかなリゾート地・那須高原でたっぷりと。

Cheese Rizotto ♪

Licca
リッカ

» P.81

おしゃれな店構え

とろ〜り濃厚！

LOVE CHEESE!!
コクうま チーズグルメ

酪農が盛んな那須は、全国のチーズ好きから注目を集める場所。店ごとに驚きいっぱいのメニューで楽しませてくれる。

コバラにもうれしいチーズグルメ＆スイーツ

Let's Enjoy Cheese!!

チーズガーデン那須本店
チーズガーデンなすほんてん

店内の一角にあるカフェコーナーには、サンドウィッチやピザなど、チーズにこだわった軽食がメニューに並ぶ。工房で毎日手作りされるブラウニーなどの焼き菓子、おみやげに人気の「御用邸チーズケーキ」も味わえる。

那須高原 ▶ **MAP** 付録 P.12 B-3

☎ 0287-64-4848　🗓 無休　🕘 9:00〜18:00（季節により変動あり）　📍 那須町高久甲喰木原2888　🚌 JR黒磯駅から関東バス那須湯本方面行きて12分、チーズガーデン前下車、徒歩5分　🅿 150台

チーズパンデュ ¥800
ぱりっと焼けたパンの中にオリジナルブレンドのチーズがたっぷり

フィナンシェ¥250、ブラウニー¥450などを販売

フレッシュレモンのレモンスカッシュ¥550は料理とも好相性

看板スイーツもイートインOK

おみやげも忘れずに
御用邸チーズケーキ¥1,680は店の看板。数種類のチーズを独自ブレンド

御用邸チーズケーキサンデー ¥700
ケーキ・クッキー・ソフトクリームが一度に楽しめる贅沢サンデー

写真奥から時計回りに、御用邸チーズケーキ¥500、NASU WHITE フロマージュブラン¥650、チーズガーデン シューバター¥220

SO GOOD!

緑を眺めながら
贅沢チーズフォンデュ

自然に囲まれた
ログハウス

**チーズフォンデュ
セット ¥2,040**
那須産のチーズを
ふんだんに使用。
チーズ本来のコク
と香りが楽しめる

チーズ好きには
たまらない

セットには高原野
菜の盛り合わせと
那須豚ソーセージ
が付く

那須とヨーロッパチーズの盛り合わせ
¥1,500。おみやげ用チーズも充実

フィンランドの森
チーズ工房 メッツァネイト
フィンランドのもりチーズこうぼうメッツァネイト

北欧ムードのログハウス。那須エリア
で生産されているチーズをはじめ、世
界各地の希少なチーズも販売している。
熱々のチーズフォンデュは、栃木生ま
れの小麦粉を使った自家製バケットや
地元野菜にたっぷりからめて召し上がれ。

那須高原 ▶ **MAP** 付録 P.12 B-2
☎0287-78-7128 休無休 ⏱9:30〜
19:30 ⌖那須町高久乙2730-7 🚃JR黒
磯駅から関東バス那須湯本方面行きで16
分、上新屋下車、徒歩5分 Ⓟ80台

季節ごとの景色も
美しい

Yummy

香り高いブラックペッパ
ーが味の引き締め役

**チーズリゾット
ランチ ¥2,480**
アルデンテのリゾッ
トにチーズがたっぷ
り。芳醇な香りが
店内に漂う

目の前で仕上げる
リゾットに夢中♡

Licca
リッカ

那須高原の自然に囲まれて食
事が楽しめるレストラン。パル
メザンチーズとからめるチーズ
リゾットは、テーブルサイドの
ワゴンで、スタッフが手際よく
仕上げてくれる。ランチタイム
は前菜、スープ付きのセットで
提供。

これも名物！

那須湯本 ▶ **MAP** 付録 P.10 B-2
☎0287-74-3050 休不定休
⏱11:00〜21:00 ⌖那須町湯本
213-916 🚗東北自動車道那須IC
から車で15分 Ⓟ12台

熱々のラクレットチーズを
野菜にかけて味わうラク
レットランチ¥3,280。前
菜とスープ付き

DELICIOUS

高原スイーツ 食べに行こう♡

ミルクとチーズのこっくり感がたまらない

ベイクドチーズ
ケーキ ¥410
コクがあるのに、チーズのフレッシュ感も楽しめる、しっとりとした焼き加減が◎

那須の雪解け
（カップ）¥350
おみやげの一番人気。5個、10個と買い求めていく常連さんも多い

3姉妹 チーズケーキ フレッシュで濃厚な

レアチーズ
ケーキ ¥450
生乳のミルク感を味わうならコレ。なめらかさに思わずうっとり♪

テイクアウトはこちら

Ⓐチーズケーキ工房 MANIWA
FARMのチーズケーキ
チーズケーキ専用のチーズは自家製。控えめな甘みとフレッシュ感が特徴

那須の雪解け
¥450
ほのかな甘みとやさしいチーズの酸味がクセになりそう。この口溶けは新食感

かわいいカフェでいただく
やさしい味わいのスイーツ

たまごプリン
¥380
栄養たっぷりに育てられた特別な卵で作った濃厚な味のプリン

Ⓒ森林ノ牧場のプリン
自然の中で放牧されるジャージー牛のミルクの風味とコクに感動

ジャージー牛のミルクを
たっぷりいただきます♪

しぼりたて牛乳や濃厚なチーズ、新鮮な卵など、高原の恵みを生かしたスイーツが勢ぞろい。極上の味を堪能しよう。

テイクアウトはこちら

たまご
プリン

ミルク
プリン

たまごのほか、なめらかでぷるぷるのジャージーミルクプリンの2種類を販売。各¥380

なつおとめの
しあわせスムージー
¥750
那須産いちご「なつおとめ」のフルーティな酸味と、ジャージーソフトの旨みとコクがベストマッチ

Ⓑ那須高原ジャージー
農場のスムージー
牧場でとれた新鮮な牛乳を使ったソフトが乗ったスムージー

DELICIOUS♡

すぐ隣に牧場！
牛さんにこんにちは

NASU KOUGEN SWEETS

高原スイーツ

Ⓐ チーズケーキ工房 MANIWA FARM

チーズケーキこうぼうマニワファーム

自家牧場の生乳で作ったチーズを使用。「チーズケーキ三昧」¥1,030は、土日限定の人気メニュー。

那須高原 ▶ **MAP** 付録 P.13 D-1

☎0287-77-0534 ☰水・木曜（1～2月は火・水・木曜、祝日の場合は前日休）🕐11:00～16:50(土・日曜、祝日は10:00～)♀那須町寺子丙4525 ♥JR黒田原駅から車で15分 Ⓟ10台

Ⓑ 那須高原ジャージー農場

なすこうげんジャージーのうじょう

広大な牧草地で、人懐っこいジャージー牛とヤギと思う存分触れ合うことができる農場。日によって一緒におさんぽしたりミルクをあげたりできることも。

那須高原 ▶ **MAP** 付録 P.11 C-1

☰非公開 ☰火～木曜 🕐10:00～17:00(平日は11:00～)、季節によって変動あり ♀那須町大島1054-2 ♥那須高原スマートICから車で15分 Ⓟ20台

Ⓒ 森林ノ牧場

しんりんのぼくじょう

森の中に広がる牧場。併設のカフェは木の温もりを感じるインテリア。スイーツのほか、ランチも提供。

那須湯本 ▶ **MAP** 付録 P.11 D-1

☎0287-77-1340 ☰木曜(祝日の場合、GW、お盆は営業、冬季休業あり)🕐10:00～16:00 ♀那須町豊原乙627-114 ♥JR新白河駅から車で15分 Ⓟ15台

Ⓓ 那須の恵み Mekke!

なすのめぐみメッケ

那須高原りんどう湖ファミリー牧場入口前のカフェ&マルシェ。入園料なしで食事と買い物ができる。

那須高原 ▶ **MAP** 付録 P.13 C-2

☎0287-76-3111(那須高原りんどう湖ファミリー牧場) ☰冬季不定休 🕐マルシェ10:00～17:00、カフェ11:00～17:00 ♀那須町高久丙414-2 ♥JR黒磯駅からタクシーで約20分 Ⓟ2000台

テイクアウトはこちら

無糖

加糖

濃厚な味がたまらないしっとりヨーグルト

しぼるヨーグルト 各¥700
ボトルがユニーク。食べる分だけ絞り出しながらいただこう

グラスヨーグルト（無糖・加糖）¥350
水分が少なめで、やさしい酸味。できれば無糖で、その濃厚な味を体験してみて

Ⓒ 森林ノ牧場のヨーグルト
森の中で育ったジャージー牛のフレッシュミルクを使ったスイーツ

ジャージー飲むヨーグルトプレーン

まきばカフェ

ジャージー飲むヨーグルトいちご

Ⓓ 那須の恵み Mekke!の ジャージードリンク
自家製ロイヤルジャージー牛乳を使ったヨーグルトなどをマルシェで販売

新鮮なロイヤルジャージー牛乳の栄養と風味がたっぷり

ドリンク(各180ml) 各¥300
低温殺菌で生乳に近いおいしさをキープ

植物性飼料で育てたロイヤルジャージー牛乳がベース。乳脂肪分とタンパク質も豊富だ

Ⓓ 那須の恵み Mekke!の ジャージー板チョコ
ジャージー牛乳の風味がふわり。色違いで買い集めたいかわいさ！

カラフルなパッケージが心をくすぐる！

ミルクとフルーツが香る、やさしい甘さがたまらない。おみやげにしても喜ばれること間違いなし！？

ストロベリー

ミルク

ブルーベリー

板チョコ 各¥400
豊富なフレーバーを用意。写真のほかビター、ヨーグルトもある

Chocolate -Strawberry- ストロベリー

Chocolate -Blueberry- ブルーベリー

Chocolate -Milk- ミルク

新鮮野菜のお料理を
おなかいっぱい
いただきましょう♪

nasu kogen yasai

パリッと新鮮！

おいしい高原野菜をいただきます

那須
高原野菜

清冽な空気の中、たっぷりの日差しを浴びて育つ那須高原野菜。
自然の恵みを生かしたおいしいお料理も旅の楽しみ♪

おいしさのヒ・ミ・ツ

那須連山を源とする清らかな水と、長い日照時間、高原ならではの大きな寒暖差など、那須高原にはおいしい野菜が育つ条件が整っている。

那須のトマト

那須の美なす

とちおとめ

ニラ

那須の白美人ネギ

Fresh vegetables

安心安全な有機野菜は、自家菜園と契約農家から届くもの

旬
が
薫
る
自
然
派
野
菜
を
創
作
料
理
で
贅
沢
に
い
た
だ
く

Ours Dining　アワーズダイニング

予約制のレストランはナチュラルテイストの落ち着きあるインテリア。自家栽培や契約農家の有機野菜を、シェフのおまかせ御膳で満喫して。

那須高原 ▶ **MAP** 付録 **P.12 B-3**　ⓒⓇ

☎ 0287-64-5573　⏰ 水・木・金曜（冬季休業あり）　🕐 12:00〜13:30、18:00〜19:00 ※ランチは当日まで、ディナーは前日までに要予約　📍 那須町高久甲5834-14　🚌 JR黒磯駅から関東バスりんどう湖経由ハイランドパーク行きで11分、田代小前下車、徒歩18分　🅿 10台

那須のめぐみ
ランチ御膳

¥2,780

（主菜をお肉料理に
変更の場合 ¥3,350）

前菜からデザートまで、素材本来の旬のおいしさを楽しめる

こちらもcheck!　**那須のおいしさは野菜だけじゃない 「なすべん」**

なすべんとは？
那須のおいしいとこ取りご当地グルメのランチプレート。食材、料理、器で用いる９種類は「九尾の狐伝説」にちなむ。

**な
す
べ
ん
６
つ
の
ル
ー
ル**

❶正式名称は「那須の内弁当」とし、愛称は「なすべん」とする

❷9種類の那須産農畜産物を使う

❸那須の八溝杉（やみぞすぎ）で作った特製プレート（なすべんプレート）を使う

❹9種類の料理は個別の器に盛り、プレートの真ん中に那須和牛料理、その他を円状に配置する

❺食材とメニュー名、調理内容を記した「おしながき」をつける

❻値段は¥1,700以下とする

那須どうぶつ王国（▶P.92）バーベキューガーデンの「なすべん」は、土日限定10食。（3日前までの予約制）¥1,700

Restaurant cu-eri レストランクエリ

季節のガレット
（ドリンク付）
¥1,580
（前菜、サラダ、パン付
＋¥500）

そばの風味が引き立
つガレットに那須産の
野菜や卵をトッピング

自家製ハーブ＆那須産野菜をたっぷり堪能

メニューは、本場で学んだ欧米とフランスの田舎料理を
ベースにしたオリジナル。自家製ハーブと那須高原の契
約農家さんの野菜やそば粉を使ったガレットがおすすめ。

那須高原 ▶ **MAP** 付録 P.12 B-3
☎0287-74-6511 🏠火曜(冬季不定休) 🕚11:00〜14:30、17:30
〜21:30（冬季は〜20:00） 📍那須町高久甲5706-41 🚃JR黒
磯駅から関東バスりんどう湖経由ハイランドパーク行きで11分、
Good News前下車、徒歩5分 🅿10台

こちらもおすすめ

1.那須高原野菜のバーニャカウダ 栃木県産酒粕のディップは旬の8〜15種
が一皿に。提供状況は要確認 2.大きな窓で開放感のある明るい店内

那須の里山料理 草花宿 なすのさとやまりょうりそうかじゅく

地元野菜に、季節感あふれる野草や薬草を添えた和
食。味はもちろんのこと、一食600kcal以下とヘル
シーで、体にやさしい多種多様な料理が人気の秘密。

那須高原 ▶ **MAP** 付録 P.13 D-2 Ⓡ
☎0287-77-7023 🏠月・火曜 🕚11:00〜14:00、18:00〜22:00
頃、夜は前日までに要予約、月曜は昼のみの営業 📍那須町寺
子丙2164-43 🚃JR黒磯駅から車で18分 🅿7台

野草や薬草を取り入れたカラダも喜ぶ和食

季節の昼ご飯
¥2,200

店主が摘んだ野草や薬
草が味わえる定食。内
容は季節により変わる

ゆっくりくつろげるシンプルな店内
は大きなテーブルが印象的

Cucina Hasegawa クチーナハセガワ

ランチはパスタメインのコースとアラカルトを用意。
山菜、夏野菜、きのこなど、みずみずしい季節の野
菜は、素材の味を引き立てられたやさしい味わいに。

那須高原 ▶ **MAP** 付録 P.12 A-1 Ⓡ
☎0287-78-0333 🏠水・木曜(不定休あり、1月は休業)
🕚11:30〜13:30、夜は前日までに要予約 📍那須町高久乙
3368-157 🚃JR黒磯駅から関東バス那須湯本方面行きで14
分、友愛の森でキュービー号に乗り換えて17分、清流の里下
車、徒歩10分 🅿8台

北欧インテリアの店内。
窓の外には那須の自然の
景色が広がる

ランチコース
¥2,420 〜

野菜がたっぷりの前菜
がうれしい。パスタは4
種類から好みで選んで

イタリアンで楽しむ那須の味覚

新鮮な那須高原野菜をおみやげにするなら「道の駅 那須高原 友愛の森」（**MAP** 付録P.12 B-2）へ。採れたて野菜の直売所がある。

Feel nice wind

特等席でひと息つこう

緑と風に抱かれるテラスのあるカフェ

気分を軽くしてくれる緑、ゆったりと流れる時間、そしてほっとする味わい。
旅のひと息に、高原カフェならではのくつろぎをどうぞ。

ペット時に登場するオリジナルクッキー

コーヒーはハンドドリップで1杯ずつ抽出。
テイクアウトもOK

ここが特等席
テラスからは那須連山を一望。ペットも一緒に利用できる

那須街道沿いなのでドライブの途中にどうぞ

Peaceful!

那須連山の眺めと
手づくりフードがお出迎え

本格的な薪ストーブを備える。穏やかなぬくもりがうれしい

「季節野菜のピタサンド
（ドリンク付）」¥1,760
目からもおいしさが
運ばれる

Lunch Menu

旬の野菜を贅沢に使った
「蔵楽ちゃうす米麹甘味噌
ハンバーグ（ドリンク付）」
¥1,760

COFFEE BREAK

那須牛乳、那須御養卵を
使用する「特製ファシルプ
リン（数量限定）」¥440。
シェフこだわりのレシピで
仕上げている

Café facile
カフェファシル

「何もしない贅沢を楽しんでほしい」という思いで満たされたカフェ。那須の牛乳、栃木県産の米を使うなど、素材まで吟味されたやさしい料理がそろう。暖かな日はテラスで、冬は薪ストーブの前で、ゆったり流れる時間を楽しもう。

那須高原 MAP 付録 P.12 B-3
☎0287-62-5577　休不定休　⏰10:00～16:00　♀那須町高久甲5462-1　🚌JR黒磯駅から関東バス那須湯本方面行きで12分、チーズガーデン前下車、徒歩3分　🅿20台

Refresh!!

ここが特等席
日光国立公園内の雑木林の中に建つ。森林浴気分を味わおう

森林浴を楽しみながら本格的なイタリアンを

1. シックな調度品に囲まれ、店内にはぬくもりと落ち着きが溶け合う　2. 雑貨や衣類の販売コーナーも用意されている。料理の待ち時間も楽しい

ダイニングカフェ ボリジ

窓一面に広がる那須の林を壁紙代わりに、四季折々の景色と爽やかな空気を楽しめる。洗練されたイタリアンも人気を集める理由。昼夜通しで営業しているので、カフェタイムに自家製のケーキでひと息つくのもおすすめ。

那須高原 ▶ MAP 付録 P.12 B-1

☎0287-78-2776 🈺水曜、月2回火曜
🕚11:30〜15:30、18:00〜19:30（平日のディナーは要予約）♀那須町高久乙2731-12
🚌JR黒磯駅から関東バス那須湯本方面行きで18分、上新屋下車すぐ 🅿15台

More Fun! 旬食材のイタリアン

イタリアの星付きレストランで修業したシェフが、地元食材を使った本格的な一皿を提供

コミュニティガーデン 那須倶楽部

コミュニティガーデンなすくらぶ

約9000坪という広大な敷地の中に、カフェやショップ、体験施設などがそろい、人と人、人と自然とのつながりを育んでいる。小鳥のさえずりや小川のせせらぎに癒やされながら、日頃の疲れをリセットしよう。

那須高原 ▶ MAP 付録 P.12 B-2

☎0287-76-1242 🈺火曜 🕛12:00〜17:00
（土・日曜、祝日は10:30〜17:00、夏季は10:30〜17:30）♀那須町高久丙1224 🚌JR黒磯駅から関東バスりんどう湖経由那須ハイランドパーク行きで24分、下池田下車、徒歩10分 🅿30台

鳥のさえずりをBGMに手づくりケーキでひと息

ここが特等席
テラスからは手入れされた庭やビオトープ池を望む

More Fun! 那須ビッグフォレストキャンプ場

Come on!

広大な敷地を利用してフリーサイトのキャンプを楽しめる

1. 鮮やかな緑に肩の力が抜けていく。デッキ席はペットOK　2. 敷地内には万華鏡やハンドメイド雑貨などのショップが集合（営業は土・日曜）

どのお店も、こだわりのチーズケーキが評判。それぞれ個性があるので、食べ比べてみて！

Bread

I LOVE 焼きたてパン

絶品ブーランジェリーの旅へ出発!

高原のおいしい水や地元産小麦粉、卵など、豊かな素材がおいしいパンに変身。
ドライブしながらお気に入りの味を探してみよう。

行列必至の "　　　　　　　" でパン探しの旅へ

レストランの
テラスでイートイン
もできる

5

4

which do
you like?

アビイ・ロードの
イラストが名所

1

3

2

1.アンティークな調度品のような棚にはオリジナルパンがずらり
2. 那須高原にアビイ・ロードが出現。ビートルズ気分で写真を
撮る観光客も多い　3. パン工房はガラス張り。香ばしい香りに
包まれる　4.ハード系やスイーツ系など、ラインナップは70種
類以上　5. 早朝8時から営業。焼きあがるたびにパンが並ぶ

Strawberry!

一番人気！
お取り寄せOK

| パンドカンパーニュ ¥1,160 | 契約農家のとちおとめ ¥876 | ブルーベリーブレッド ¥920 |

全粒粉のどっしりとしたパン。チーズと一緒に｜スイーツ感覚のパンは風味も色もとちおとめ｜ブルーベリーの果肉とジャムがさわやか

Good!!

♪♪♪

| くるみレーズンパン ¥800 | パーネ・アランチャ ¥529 | リンゴスター ¥550 |

レーズンの甘みとクルミの香ばしさが特徴｜オレンジの風味がさわやかなバケット｜デニッシュにリンゴとカスタードをサンド

DELICIOUS

シンプルな
おいしさ♥

1日10個
限定

Cute

| バゲット ¥367 | ルヴァン・レーズン ¥916 | 那須あんぱん ¥600 |

じっくりと発酵させたコクと風味が楽しめる｜地粉の「ゆめかおり」と自家製酵母を使用｜那須だけにナス!? 中にはあんこがぎっしり

薪を使って焼き上げる
飽きのこない石窯パン

NAOZO
ナオゾー

外はパリッと、中はふんわり焼き
上げられたパンは、小麦や酵母に
よる味の違いも楽しめる。食事パ
ンを中心に、おやつにぴったりの
小ぶりのものや焼き菓子も並ぶ。

那須高原 ▶MAP付録 P.12 A-3
☎0287-68-0192　休木曜(月1回水・木
曜休)　🕐9:00～18:00　📍那須塩原市
西岩崎232-454　🚃JR黒磯駅から車で
20分　🅿4台

"栃木"を味わえる
独創的なパンがそろう

パン香房ベル・フルール
パンこうぼうベルフルール

赤レンガパンフェス金賞やカンブリア
宮殿など、数々のメディアで紹介され
た高原のベーカリー。店内のカフェ
スペースでいただくこともできる。

那須高原 ▶MAP付録 P.12 B-1
☎0287-76-7008　休木曜(季節により
臨時休あり)　🕐9:00～17:00(売り切れ
次第終了)　📍那須町湯本494-15　🚃
JR黒磯駅から関東バス那須湯本方面行
きで20分、ジョイア・ミーア前下車すぐ
🅿80台

ビートルズグッズと、
焼きたてパンがお出迎え

ベーカリーレストラン
ペニーレイン

ふっくらと焼き上げたパンが評判
で、レストランにはガーデンテラ
スが広がる。ビートルズファンの
オーナーのコレクションも必見だ。

那須高原 ▶MAP付録 P.12 A-1
☎0287-76-1960　休無休　🕐8:00～
18:00(ベーカリーは～17:00、季節によ
り変動あり)　📍那須町湯本656-2　🚃
JR黒磯駅から関東バス那須湯本方面
行きで18分、守子坂下車、徒歩20分
🅿50台

1. 三角屋根の建物とこの看板が目印　2. 存
在感のある石窯を間近に見ることができる

1. アプローチがかわいいエントランス　2. 多
くのパンが試食できるのもうれしい

1. 木立の中にたたずむお店。開店と同時にに
ぎわう　2. ビートルズの写真やグッズを展示

「ペニーレイン」のベーカリーカフェは、落ち着いた英国調のインテリア。ビートルズをBGMに優雅なブランチタイムも素敵。

MADE IN NASU

狙いを定めて手に入れたい

那須のハズさないおみやげ探し

牧場産の乳製品など、フレッシュな素材を使ったスイーツは見た目もかわいい。
那須のおいしい水を生かすアルコールのおともには、チーズがよく合う!

ナッツやフルーツがまるで宝石みたい♪

ミルクチョコ
オレンジピールとチョコは相性ぴったり

ストロベリーチョコ
甘酸っぱいドライフルーツが甘さを引き立てる

ホワイトチョコ
アーモンドの食感が良いアクセントに

Ⓑマンディアン（各10個入り）
各¥1,080

たまごたっぷりプリンがしっとりケーキに変身

Ⓐ那須のプリンケーキ
¥1,728

濃厚なプリン風味の生地と、ほろ苦いキャラメルがたまらない

Delicious ♥

SWEETS

ミルキーな味わいのキュートなふくろう

Ⓓミルクジャム 各¥600

コクのあるおいしさ！コーヒーに入れてもOK

ミルク&いちご
イチゴジャムと2層に。ミックスしていちごミルク味

ミルク&ブルーベリー
ブルーベリージャムと2層ですっきりとした甘さ

ミルク
濃厚なガーンジィ牛のミルクを煮詰めたジャム

Ⓒ白ふくろう最中（5個入り）¥990

白いんげんに牛乳を加えたミルク餡入り

Ⓓ那須高原 南ヶ丘牧場
なすこうげんみなみがおかぼくじょう

希少なガーンジィ牛とのふれあいや、乗馬やマス釣りを楽しめる。新鮮な牛乳を使ったおみやげが豊富だ。

那須湯本 ▶ **MAP**付録 P.10 B-2

☎0287-76-2150 体無休
⏰8:00〜17:30 ♀那須町湯本579 ♠一軒茶屋下車、徒歩15分 Ｐ400台

Ⓒ鳳鳴館 扇屋
ほうめいかんおうぎや

大正期に創業し、那須御用邸御用命舗でもある老舗。献上まんじゅうをはじめ上質な和洋菓子を販売する。

那須高原 ▶ **MAP**付録 P.12 B-2

☎0287-78-7567 体水曜
⏰9:30〜16:00 ♀那須町高久甲5235-1 ♠JR黒磯駅から関東バス那須湯本方面行きで14分、広谷地下車、徒歩4分 Ｐ20台

ⒷNCACAO CHOCOLATE
エヌカカオチョコレート

斬新な素材を合わせ、チョコの新しい楽しみ方を提案。ドリンク類もおすすめ。

那須高原 ▶ **MAP**付録 P.12 B-2

☎0287-73-5305 体無休
⏰9:00〜18:00（季節により変動あり）♀那須町高久甲5240-2 ♠JR黒磯駅から関東バス那須湯本方面行きで14分、広谷地下車、徒歩4分 Ｐ25台

ⒶNASUのラスク屋さん

ラスク専用フランスパンで作る焼きたてラスクが人気の専門店。季節限定品もあり種類も豊富。

那須高原 ▶ **MAP**付録 P.12 B-2

☎0287-78-3309 体無休
⏰9:30〜17:30（冬季は〜16:30）♀那須町高久乙586-905 ♠JR黒磯駅から関東バス那須湯本方面行きで14分、友愛の森下車、徒歩5分 Ｐ30台

ラベルのかわいさに
思わずジャケ買い♪

Ⓕモッツァレラチーズ
のたまり漬け ¥630

たまり醤油に漬け込んだ
モッツァレラチーズは、濃
厚なうまみが特徴

コレも一緒に
牛乳のフレッシュ
感を生かすチー
ズをたまり醤油
漬けに。食感も
楽しい

コレも一緒に
さけるチーズのたまり漬け ¥640

Shopping

ハズさないおみやげ

コレも一緒に
ナイアガラ
(750ml)
¥2,509
甘い香りのナイ
アガラを辛口に
仕上げた風味豊
かな白ワイン。

140年の伝統を受け継ぐ
クラシックラベルシリーズ

Ⓔマスカット・ベーリーA
樽熟成(750ml) ¥3,609

日本固有の品種。果実の甘い香りに樽
熟成の深み。バランスのいい赤ワイン。

Ⓖ那須高原ビールの
クラフトビール(各330ml) 各¥649

DRINK & CHEESE

DELICIOUS

さらりとした口溶けの
山羊の熟成チーズ

Ⓗ茶臼岳(180g)
¥2,400

ヤギのミルクで作るチーズは
フレッシュで濃厚。5月から
11月までの限定販売

cheers!!

那須の雪解け水を
ピュアなビールに

愛
愛子様ご誕生を祝して生まれ
た一本。華やかな香りとほの
かな酸味が料理に合う

スコティッシュエール
スコットランドの代表的な褐色
ビールは、香ばしい香りと甘
み、コクの深さに驚く

Ⓗ那須高原 今牧場
チーズ工房
なすこうげんいまぼくじょうチーズこうぼう

自家飼育の牛&ヤギからと
れた最高のミルクで、チー
ズをひとつひとつ手作り。
国内ホテルやJAL機内食で
も提供されている。

那須高原 ▶ **MAP** 付録 P.13 C-3

☎0287-74-2580 休水曜
🕐10:00～16:30 ♀那須町高
久甲5898 🚗東北自動車道那
須ICから車で10分 Ⓟ2台

Ⓖ那須高原ビール
なすこうげんビール

成分無ろ過、酵母が生きた
ビールを醸造。100%果汁
のように新鮮な味は、併設
レストランでも楽しめる。

那須高原 ▶ **MAP** 付録 P.12 B-4

☎0287-62-8958 休火曜
🕐10:30～19:00(レストランは
11:00～18:45) ♀那須町大字
高久甲3986 🚌JR黒磯駅から
関東バス那須湯本方面行きで8
分、下松子下車すぐ Ⓟ40台

Ⓕあまたにチーズ工房
あまたにチーズこうぼう

栃木県初のチーズ工房。放
牧で育てた乳牛のミルクを
原料に手作りするチーズは、
昼に完売することも。

那須湯本 ▶ **MAP** 付録 P.11 C-2

☎0287-76-2723 休水曜
🕐10:00～17:00 ♀那須町湯
本206-530 🚌JR黒磯駅から
関東バス那須湯本方面行きで
24分、新那須下車、徒歩13分
Ⓟ8台

ⒺNASU WINE
渡邊葡萄園醸造
ナスワインわたなべぶどうえんじょうぞう

創業明治17(1884)年。食事
に合う飲みごたえのあるワイ
ン作り。

黒磯 ▶ **MAP** 付録 P.11 D-4

☎0287-62-0548 休火曜
🕐9:00～17:00 ♀那須塩
原市共墾社1-9-8 🚗JR
黒磯駅からタクシーで5分
Ⓟ5台

「道の駅 那須高原友愛の森」(**MAP** 付録 P.12 B-2)や「道の駅 明治の森・黒磯」(**MAP** 付録 P.10 B-3)で購入できるものもある。

みんなをなでなで
してあげて

Cute Animals

表情と仕草にキュン

このコに会いにAnimal Kingdomへ

ふれあい体験やショーが充実する那須どうぶつ王国の一番の魅力は、動物たちの"日常感"。
ここでしか出会えない、レアな表情や愛くるしいポーズにココロをゆるめよう。

ナマケモノやカピバラが
すぐそこに！

PUKA-PUKA

YURA-YURA

眺めるだけで
ハッピーに♡

那須どうぶつ王国
なすどうぶつおうこく

東京ドーム約10倍という自然豊かで広大な敷地に、約600頭もの動物たちがのんびり、元気に暮らす。毎日開催されるパフォーマンスは、すべて見たくなる迫力と楽しさ。アルパカやカピバラとふれあえばハッピーな気分に！

那須湯本 ▶ **MAP**付録 P.11 C-1

☎0287-77-1110 🈺水曜（GW、夏休み、祝日は営業、冬季は特定日のみ営業） 🕐10:00〜16:30、土・日曜、祝日は9:00〜17:00 💴入園料大人2600円 📍那須町大島1042-1 🚃JR黒磯駅から車で30分（JR那須塩原駅、道の駅 那須高原 友愛の森から無料シャトルバスあり、前日までに要予約） 🅿2000台（有料1,000円）

Face to Face

1. 大人気マヌルネコを間近で観察できる　2. ツシマヤマネコの保全にも取り組んでいる　3. 砂漠の天使スナネコ　4. ウェットランドで出会えるジャガー　5. 日本では展示園が少ないホッキョクオオカミ　6. ワオワオトークで解説を行っている

1 ベイビー＆親子

赤ちゃん誕生のお知らせや限定の公開情報をサイトでチェック。今しか見られない姿を押さえよう。

⌐ Congratulations ⌐

2023年6月生まれのシマスカンク

☆

ワオキツネザルの親子。ママにギュッ！

♪

カンガルーの親子。いつまでたっても甘えん坊

Hello Baby

カピバラの赤ちゃん。小さな足にも水かきがしっかり

3つのトキメキ chance

自然な姿と本来の能力にワク＆ドキが連続！

2 パフォーマンスタイム

王国に来たら、多彩なバードパフォーマンスは必見！ 見たいショーの時間を軸にスケジュールを立てよう。

⌐ Exciting ⌐

バードパフォーマンスではタカやワシなどの鳥たちが登場し、頭上スレスレをフライト。スピードも迫力も想像以上！

⌐ Amazing ⌐

ニュージーランドファームショーでは羊たちのかわいさと牧羊犬の賢さを実感。夏には羊の毛刈りも披露される

3 ふれあい体験

ふれあえる動物の多さも人気の秘密。エサやりは時間が決まっているものもあるので事前に確認を。

MOGU-MOGU

カピバラが自由に歩きまわるエリアでえさやりを楽しめる

レッサーパンダへのエサやりは人数に制限があるのでお早めに

アルパカ　カピバラ

Everyone gather!

多彩な動物たちに超接近！

ペンギン　ラクダ

etc.

羊

1回¥100でエサやりOK

Lunch & Souvenir

私たちにも会いにきて!?

アルパカレー
¥1,080（変動あり）
アルパカの丘近くにあるレストランで提供。キュートな盛り付けで一番人気

LUNCH

写真を撮るのをお忘れなく

佐護ツシマヤマネコ米
¥700
佐護ヤマネコ稲作研究会が作ったお米。売り上げの一部が保護活動に寄付される

SOUVENIR

米袋のパッケージもかわいい♡

Cute Animals

ゆるっと爽やか癒やしの時間

高原アニマルと"のほほん"タイム

多彩な動物たちとふれあえるスポットが充実している那須高原。
爽やかな空気に包まれてのんびり過ごす姿を見れば、日々の疲れもとんでゆく!

どこにいくのも
自由なのです

併設のカフェで
新鮮なソフトク
リームを

No Ho Hon

いるだけでうれしくなる、森のなかの牧場

ちょっと
うらやましい
かも

ジャージー牛
濃厚な乳質をもつが乳量
が少ないため、日本の乳
牛の0.6%しか飼育されて
いない希少な牛

Milk
&
Oyatsu

CUTE♥

Good
Flavor

「森林ノ牧場乳」は、ジャージー牛乳本
来の甘さとコクを楽しめる 5バターが香
るゴーフル生地でミルク感たっぷりのジャ
ムをサンドした「バターのいとこ」も評判

森林ノ牧場 しんりんのぼくじょう

那須の豊かな自然の中、ジャージー牛たちが
のびのびと放牧されている。牛たちとふれあ
い、併設のカフェで新鮮な乳製品や地元農
家さんの野菜を使ったランチをいただけば、
心からゆったりとした気持ちに♪

那須湯本 ▶ MAP 付録 P.11 D-1

☎0287-77-1340 休木曜(祝日の場合、GW、お
盆は営業、冬季休業あり) 時10:00～16:00 料入
場無料 所那須町豊原乙627-114 交JR新白河駅
から車で15分 P15台

1カフェのオープン時間には森の中に入って牛たちとふれ
あったり、放牧の様子を見ることができる 2仔牛がお出
迎え。人と人、人と自然のつながりが育まれている 3飼
育しているのはジャージー種の牛。ミルクの成分が高く、
香り・味がよいのが特徴

Come to see me!

A ホワイトライオン
生息数は世界でも約300頭という貴重なライオン。アフリカでは神の使いとする伝承も

展示は全国でも少ないよ

E ワオキツネザル
くっついてお団子になったり、日光浴をしたりする姿がかわいい。ふれあいもOK

So Cute

C ヤギ
高いところが大好きで、高さ3mの橋の上でたわむれる姿。エサやり体験もできる

B エリマキキツネザル
ふわふわな毛並みが心地よく、人懐こい性格なので撫でられるのが大好き!

「天空のヤギ」と呼ばれているよ

F アジアゾウ
エサやりはもちろん、ゾウの背中に乗ってお散歩するゾウライドサファリも大人気

Discovery

高いけど、気持ちいい♪

見つめられると元気もアップ!

G アヒル
おしりをフリフリしてみんなで歩く姿やガーガーと大合唱する姿に思わずにっこり!

走っておうちに帰ります

D ゾウ
森の探検に出かける「ゾウロングライド」が人気。ゆったりゾウとのひと時を楽しんで♪

H アルパカ
性格も顔つきも個性豊かなアルパカが一番人気。走って牧舎に戻る姿も見逃せない

高原アニマル

多彩なレジャーが集合

C G H
那須高原りんどう湖ファミリー牧場
なすこうげんりんどうこふぁみりーぼくじょう

那須高原唯一の湖を中心に牧場や乗り物がそろう。牛の乳搾りや乗馬、小動物ふれあいなど、動物とのふれあいメニューも充実。

|那須高原| ▶ |MAP| 付録 P.13 C-2
📞0287-76-3111 🈲冬季不定休
🕘9:30～17:00（時季により変動あり）
💴入園料大人1600円、小人800円
📍那須町高久丙414-2
🚃JR黒磯駅からタクシーで約20分
🅿2000台

サルとのふれあいも楽しい

B D E
那須ワールドモンキーパーク
なすワールドモンキーパーク

世界中の珍しいサルをはじめ、50種400頭羽の動物たちが暮らすテーマパーク。ゾウの森では背中に乗って王様&王女気分を味わえる。

|那須高原| ▶ |MAP| 付録 P.13 C-3
📞0287-63-8855 🈲水・木曜 🕘10:00～15:30（時季により変動あり）💴入園料大人2300円 📍那須町高久甲6146
🚃JR黒磯駅から関東自動車バス那須湯本行きで10分、お菓子の城または友愛の森で下車、那須高原周遊バスEコースへ乗り換え15分、那須ワールドモンキーパーク下車すぐ 🅿350台

本来の姿を間近で観察!

A F
那須サファリパーク
なすサファリパーク

約50種500頭羽の野生動物が放し飼いで暮らすパークをマイカーやバスでめぐる。人がオリに入って探検するWILD RIDEが人気。

|那須高原| ▶ |MAP| 付録 P.12 A-1
📞0287-78-0838 🈲木曜（季節により変動あり） 🕘9:00～17:00（季節により変動あり）、ナイトサファリ18:30～21:30（GW、お盆期間は毎日開催） 💴入園料大人2900円、ライオンバス大人1200円 📍那須町高久乙3523 🚃JR黒磯駅から関東バス那須湯本方面行きで17分、那須サファリパーク入口下車、徒歩7分 🅿350台

「那須高原りんどう湖ファミリー牧場」前、カフェとマルシェがそろう「那須の恵み Mekke！」（»P.83）にも注目。

Ropeway

ロープウェイで雲の上へ!

那須高原でモコモコ雲海パノラマ

那須高原の大自然を眺めながらロープウェイで約4分間の空中散歩。
茶臼岳の9合目、そこはもう雲の上! 息をのむような絶景にうっとり。

Fantastic!

WOW!

Fuwa Fuwa~

国立公園那須ロープウェイ
こくりつこうえんなすロープウェイ

茶臼岳の7~9合目を結ぶ、111人乗りの大型
ロープウェイ。新緑や紅葉など、季節ごとに
表情を変える絶景を堪能することができる。
山登りに適した服装と靴があれば、山頂駅
から1時間足らずで山頂に登れるのも魅力。

那須岳 ▶MAP 付録 P.10 B-1

☎0287-76-2449 ᴴ期間中無休(荒天時運休、当日
の運行状況は電話または公式HPで要確認) ᴴ3月
中旬~11月末の8:30~16:30(季節により異なる)
ᴴ往復大人1800円 ᴴ那須町湯本那須岳215 ᴴJR
黒磯駅から関東バス那須ロープウェイ行きで60分
(JR那須塩原駅から70分)、終点下車すぐ ᴴ155台

Check!

福を呼ぶ? 名物・焼だんご ♪♫

山頂駅には売店があり、かき揚
げそば、肉巻きおにぎりなどの
軽食やソフトクリームなどを販
売。甘味噌が香ばしい名物の焼
だんごは、「大福・幸福・裕福」の
3つの福を表しているそう。

焼だんご

アクティブ派のアナタは！

一足のばして 茶臼岳トレッキング

山頂駅から 三斗小屋温泉コース

- 距離 約4.5km
- 所要時間 片道約3時間
- オススメ時期 4〜11月

ロープウェイ山頂駅から標高1915mの茶臼岳山頂までは約50分。さらに、那須連山に囲まれた秘湯・三斗小屋温泉（宿は2軒のみ、11月中旬〜4月中旬は休業）へと足をのばして宿泊するのもおすすめ。ガレ場が多いので、本格的な登山装備は必須。

STUDY

雲海が 見られるのはいつ？

6〜7月の梅雨時、朝と夜の寒暖差が大きい秋、雨が降った翌日の早朝などに、素晴らしい雲海が出現する確率が高い。湿度が高く、風のない晴れた日の早朝がねらい目！

&MORE

お泊まりならココへ！

茶臼岳の南麓、標高1200mに位置するリゾートホテル。条件が整えば満天の星空や眼下に広がる雲海が見えることも。四季折々の風景を見ながらの露天風呂が自慢。通年開催の「星空カフェ」では、コーヒーと一緒に星空を楽しめる。

休暇村 那須
きゅうかむらなす

那須岳 ▶ MAP 付録 P.10 B-1

☎0287-76-2467
IN15:00 OUT10:00 ¥1泊2食付1万6150円〜 ♀那須町湯本137-14
🚌JR那須塩原駅から関東バス那須ロープウェイ行きで約60分、休暇村那須下車すぐ P70台

「星空カフェ」は19:45から通年開催（毎週土曜は別プログラム予定）。目の前に広がる美しい星空に感激！

HELLO!

Red!

Green!

Discovery

那須高原で雲海

山麓の霧が濃くても、山頂付近は晴れていて雲海が見られることもある。那須ロープウェイに電話で確認してから上ってみよう。

心ときめくアートな空間へ

那須高原の個性派ミュージアム

那須高原の自然と溶け合うような、すがすがしい空気にあふれる美術館。
魅力いっぱいの個性的な作品と向き合い、ハートを満たす休日を。

美しい光に包まれて
清らかなるひとときを

バラ窓
礼拝堂に光が降り注ぐ。晴れた日の午前12時頃が一番キレイ！

Chapel
セント・ラファエル礼拝堂
館内最大のステンドグラスがある。東日本最大級の礼拝堂。1時間に1回、パイプオルガンの生演奏を開催。

聖書の風景
イエスの生涯を描いた、館内でもっとも大きいステンドグラス。

TWOエンジェル
天使の表情が魅力的な那須ステンドグラス美術館のシンボル。

Church
セント・ミッシェル教会
英国ウェールズ地方のオールセント教会から、ステンドグラスをはじめとする由緒ある品々を譲り受けた建物。

那須ステンドグラス美術館
なすステンドグラスびじゅつかん

18～19世紀に制作された、約45点のアンティークステンドグラスを展示。英国のコッツウォルズ地方の建物をモチーフにした館内は、非日常感にあふれ、穏やかな空気が流れる。

那須高原 ▶ **MAP** 付録 P.12 B-1

☎0287-76-7111 🈚無休（臨時休館有）⏰9:30～16:30 💴大人1300円 📍那須町高久丙1790 🚌JR黒磯駅から関東自動車バス那須湯本方面行きで友愛の森下車、那須高原観光周遊バス那須ステンドグラス美術館下車すぐ 🅿150台

MUSEUM GOODS

ブックマーク
各¥660～
一番人気のおみやげ、ステンドグラス風のしおり。種類豊富で選ぶのも楽しい

サンキャッチャー
¥2,530～
「幸運を呼ぶインテリア」として人気。キラキラした虹色の光に癒やされる

英国のマナーハウス（石造りの貴族の館）を再現した建物

ステンドグラス体験教室

カラフルなガラスを組み合わせて、オリジナル小物が作れるステンドグラス体験が楽しめる。自宅用や贈り物にもピッタリ。

那須の自然と調和する
現代アートスペース

※過去の展示風景のため、現在の展示内容と異なります

N's YARD
エヌズヤード

印象的な絵画で知られる、奈良美智氏の私設アートギャラリー。その創作を支えてきたコレクションや作品を展示するアトリエのような空間で、奈良氏の世界観にふれてみて。

那須高原 ▶ **MAP** 付録 **P.12 A-4**

☎0287-73-5711 🈺火・水曜、12月下旬〜3月上旬は冬季休 🕙10:00〜16:30 💴大人1500円 📍那須塩原市青木28-3 🚌道の駅 明治の森・黒磯から徒歩7分 🅿70台

Collection
コレクション

展示室へ続くアプローチ「前室」には、レコードジャケットをはじめ奈良氏が大切にしてきたコレクションがずらり。

Miss Forest / Thinker
ミスフォレスト/シンカー

奈良氏によるブロンズ彫刻作品。針葉樹の森に溶けこみながら生き生きとした表情を見せている。高さ5メートル。

MUSEUM GOODS

A4クリアファイル
¥374
奈良氏の作品をデザインしたクリアファイル。ほかにもデザインいろいろ

オリジナルマグカップ
¥5,830
おうちカフェにおすすめ。『butterfly girl』のマグカップ、アラビア製

カフェ

壁のモザイクタイルがかわいい、併設の「コナラカフェ」。奈良氏の絵が刻印されたどら焼きと無農薬抹茶をセットにした「もち粉ミニどら焼きセット(¥1,100)」でのんびりと

「コナラカフェ」のカウンター越しにずらりとならぶ奈良コレクションの器も圧巻！

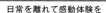

Handmade

アートな思い出をお持ち帰り

手作り体験で**オンリーワン**みやげ

那須高原には豊かな自然のなかで、気軽に手作り体験ができるスポットがいっぱい。
できあがった作品も、みんなでおしゃべりしながら作る時間も、ステキな旅の思い出に♡

CANDLE HOUSE ChouChou
キャンドルハウスシュシュ

アロマが香る癒やしのジェルキャンドル
「キャンドルのある暮らし」を提案する専門店。
店内には色も香りもさまざまなキャンドルが100
種類以上並ぶ。体験メニューも豊富で、火や熱
いお湯を使わずに作れるので手軽。

那須高原 ▶ MAP 付録 P.12 A-2

☎0287-78-7060 休木曜 時10:00〜17:00最終受付
♥那須町高久乙796-234 ♥JR黒磯駅から関東バス那須
湯本方面行きで14分、広谷地下車、徒歩10分 ▣40台

\Aroma Candle!

体験 DATA

アロマジェルキャンドル手作り体験

¥料金 ¥1,620＋オプション
所要時間 40分
予約 予約不要

営業時間内ならいつでもOK。スイートキャン
ドルやフラワーランタンなど、その他の
体験メニューも豊富。

こんな体験もあります！

[サンキャッチャーづくり体験]
窓辺でキラキラ輝くインテリアアクセサリー
づくり。
体験場所：ホテルエピナール那須
MAP 付録 P.12 B-2) 体験工房 和楽日。
詳細は☎0287-78-6644まで。
【料金】¥2,750〜
【所要時間】60分

♥

LET'S TRY!

木のぬくもりを感
じる空間で、やわ
らかな香りに癒や
される

step 1
パーツを選ぶ
仕上がりをイメージして飾りにな
るガラス細工（別売り）を選ぼう

FINISH!

カラフルでかわい
い、プルプルの
ジェルキャンドル
が完成！

Good!

step 2
容器にセッティング
選んだパーツとキャン
ドルの芯をセット

step 3
ロウと香りを入れる
ロウを入れ好きなアロ
マで香りづけ

step 4
好きなカラーのロウをプラス
仕上げにカラフルな
ロウをトッピング

コミュニティガーデン 那須倶楽部

コミュニティガーデンなすくらぶ

緑豊かな高原カフェで手作り体験

予約なしで、ポーセリンアートやデコ、彫金、焼き絵などの体験ができる。カフェスペースで、コーヒーやケーキを味わいながら楽しみたい。緑豊かな約9000坪の庭の散策もおすすめ

那須高原 ▶ MAP 付録 P.12 B-2

☎0287-76-1242 🛇月・火曜 ⌚11:30〜17:00(土・日曜、祝日は10:30〜17:00、夏季は10:30〜17:30)
🛇那須町高久丙1224 🚌JR黒磯駅からタクシーで26分
Ⓟ30台

マグカップやお皿などに好きな転写シールを貼って、オリジナルの食器が作れる

広大な庭を望むカフェは、高原のそよ風が心地いい

デコ体験1,500円〜。飾り板に木の実や小枝などを組み合わせて、立体的なオブジェに!

体験 DATA

ポーセリンアート作り体験

¥料 金	¥1,500〜¥2,800
⌚所要時間	30分
予約	予約不要

白磁器の食器に特殊な転写シールを貼って、オリジナルの食器を作るポーセリンアート。焼き付け作業を行うため、作品は後日店頭で受け取るか、自宅への配送(着払い)にて対応。

LET'S TRY!

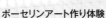
手作り感あふれる素敵なお店へ

のどかな自然が広がる那須高原のなかでも、観光エリアから少し離れた場所にある手作り感あふれるカフェで、創作気分を盛り上げてみるのはいかが?

焼き菓子店 蕾

やきがしてんつぼみ

目的地にセットしなければ見つからないような場所にポツンとたたずむ一軒家カフェ。奥さんが作る素朴な焼き菓子のファンになったリピーターが多い。ご主人による手づくりランチも人気。夫婦で作りあげた空間の温かさにも癒やされる。

那須高原
▶ MAP 付録 P.11 D-1

☎080-6006-4544
🛇日・月曜 ⌚12:00〜17:00
🛇那須町豊原丙4961
🚌JR豊原駅から車で15分
Ⓟ10台

店主の佐久間さん夫婦と犬のカイちゃん

漆喰の壁や家具など、作れるものは自分たちで手がけた。作家のアート作品や戦前のオルガンも存在感がある

「蕾ランチしっとりむし鶏サラダ」¥900。カレーやオムライスなどのランチも

手作りの温もりいっぱい
草原の隠れ家カフェ

Yummy♪

優しい食感で食べやすく、飽きのこない味わい。¥150〜300とリーズナブルなのもうれしい

Aroma wood

さわやかな空気に包まれて

リゾート感たっぷりの高原ステイ

避暑地としても有名な、関東屈指のリゾート地・那須高原。
さわやかな風と緑、木々の香りに包まれて、心も体もリセットする贅沢な休日。

食事も遊びも自由気ままに
私らしくいられる場所

LUXURY

インフィニティ露天風呂やロウリュウサウナを備えた「森の
スパ」が新規オープン

THE KEY HIGHLAND NASU

ザキーハイランドナス

「豊かな高原を満喫」「自然との一体感」「オールインクルーシブ」の3つの鍵をコンセプトにした森のアクティビティ・リゾート。レストラン「森のキッチン」での飲食やクアガーデンなど、すべてフリーで楽しめるのが魅力。

那須湯本 ▶ **MAP** 付録 P.11 C-2

☎0120-01-2644(カナヤリゾーツ予約センター)
♀那須町高久丙3243-342 ♀JR那須塩原駅から無料送迎車で40分(要予約) Ｐ32台

STAY DATA

料金	¥20,350〜(1泊2食付)
IN/OUT	15:00/10:00
客室数	36室
風呂数	内湯2、露天2、貸切なし
日帰り利用	NG

\Sweet♥/

Lounge

暖炉を囲んでマシュマロを焼いたり、マイソフトを作ったり。

ELEGANT LOBBY

洋室、和洋室、露天風呂付など、客室は全6タイプ

開放感と木の温もりあふれるフロントロビー

朝食は、好きな食材を選んでマイサンドイッチ作り

BREAKFAST

Dinner

森の中のバーベキュー気分で肉や野菜の鉄板グリルを満喫。

自然との一体感

無料の電動自転車レンタルで周辺散策もおススメ。特定日には天体観測、朝ヨガなどのアクティビティも楽しめる。(日程要確認)

那須高原の宿 山水閣

なすこうげんのやどさんすいかく

昭和初期の木造建築を生かした、温もりあふれる宿。檜が香る大浴場のほか、2つの貸切風呂もある。露天風呂付特別室では、緑を眺めながらプライベートなバスタイムが楽しめる。

那須湯本 ▶ **MAP** 付録 P.11 C-2

☎0287-76-3180 ♀那須町湯本206

♥JR黒磯駅から関東バス那須湯本方面行きで23分、山水閣入口下車、徒歩3分 Ｐ25台

STAY DATA

料金	¥24,350～(1泊2食付)
IN/OUT	15:00/10:00
客室数	13室
風呂数	内湯2、貸切あり
日帰り利用	OK

Good!!

上質な和の空間で過ごす至福のひととき

Guest Room

Dinner

1.しっとりとした和の風情の中にモダンさが光る客室。シンプルな一間の客室から贅沢な露天風呂付の特別室まで、6タイプの客室がそろう 2.夕食は那須の新鮮な食材にこだわった、彩り豊かな山里懐石料理を

Healing

昔日（オールドデイズ）

せきじつオールドデイズ

クラシカルモダンな雰囲気が漂う大理石張りの館内。プライベート感を重視した造りで、大切な人と過ごすのにぴったり。夕食は、地元食材を使った季節感のある創作料理が味わえる。

那須高原 ▶ **MAP** 付録 P.12 B-1

☎0287-76-3561 ♀那須町高久乙3814-17 ♥JR黒磯駅から関東バス那須湯本方面行きで18分、那須サファリパーク入口下車、徒歩5分 Ｐ8台

STAY DATA

料金	¥29,500～(1泊2食付)
IN/OUT	15:00/10:00
客室数	8室
風呂数	大浴場なし、全室客室露天付
日帰り利用	NG

Hot Stone Spa

Guest Room

1.貴重なピンクシリカ石を使った岩盤浴。血行と代謝が促進され、汗とともに老廃物を排出。デトックス効果も期待！
2.ゆとりのあるラグジュアリーな雰囲気の客室。設えの異なる4タイプの部屋を用意

全室露天風呂完備のプライベート空間

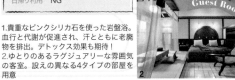

Spa
全室に温泉露天風呂、内湯、岩盤浴が付く贅沢な造り。

那須温泉は舒明2(630)年に開湯、栃木県で最も古い温泉地。

絶景が広がる高原のお花畑

色と香りに包まれる癒やしのスポット
季節の花が咲き誇る

目の前に広がるのはカラフルなお花のじゅうたん

ショップやレストランが建ち並ぶ那須高原のメインロードをちょっと離れて自然豊かなエリアへ。到着したのは、見渡す限りのお花畑が広がる「那須フラワーワールド」だ。

高原の春の訪れとともに、パステルやヴィヴィッドな色とりどりの花が咲き誇る。なかでも圧巻は8月から9月にかけて。見事なパッチワークアートを披露してくれるのは、サルビアやケイトウ。後ろにそびえる雄大な那須岳とのコントラストも思い出に残る景色になる。

9月のお楽しみは、ケイトウ。大地の上に整然と並ぶ模様は、まさに"那須花の地上絵"

Mix

パステルカラーの花色が並ぶリナリア。花穂を立て上げて華やかに一面を彩る

Purple

高原のさわやかな青空を写し取ったかのような、ネモフィラの淡いブルー

Blue

可憐で繊細なポピー。高原の春風にそよぐ姿もキュート

Orange

那須連山を望む丘陵地の花畑

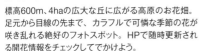

那須フラワーワールド なすフラワーワールド

標高600m、4haの広大な丘に広がる高原のお花畑。足元から目線の先まで、カラフルで可憐な季節の花が咲き乱れる絶好のフォトスポット。HPで随時更新される開花情報をチェックしてでかけよう。

MAP 那須湯本 **MAP** 付録 P.11 C-1

☎0287-77-0400 ▮期間中無休 ▮5月～11月の9:00～16:30 ▮大人500～1000円（開花状況により変動）、中高生300円、小学生200円 ▮那須町豊原那須道下5341-1 ▮JR黒磯駅から車で30分 ▮300台

花暦

5月	パンジー、ネモフィラ、リナリア、アイスランドポピー など
6月	ルピナス、カルフォルニアポピー、ゴデチア、ビスカリア など
7月	ひなげし、ヘメロカリス、フロックス など
8～10月	ケイトウ、ブルーサルビア、ダリア、アゲラタム など
11月	ザル菊 など

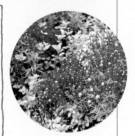

5月上旬～下旬はリナリアが見頃を迎える

餃子にロックオン!

Utsunomiya

常に進化を続ける宇都宮餃子は
もちろん、カラフルなカクテルや
大谷石造りのレストランも目が離
せないクールな宇都宮へ。

It's so Cool!

大谷資料館
おおやしりょうかん
» P.23

餃子消費量日本一を
争う街なのです

宇都宮市は

local food

ローカルフードをおしゃれに、気軽に

餃子とお酒でHAPPY TIME

宇都宮の地元グルメといえば、市内約300店で味わえる餃子。
カジュアルなバー感覚で、クラフトビールやワインと一緒に楽しめる店も登場！

Yummy~
Yummy~
Yummy~

じゅわっと肉汁が滴る
もっちり餃子に大満足

宇都宮餃子って？

戦後、中国からの引揚者が餃子で商売を始めて広まり、現在は
商標登録もされ一大ブランドに。昭和20年代から続く老舗も多く、
ヤキ（焼餃子）、スイ（水餃子）、アゲ（揚餃子）がメニューの基本。

スイ（水餃子）
全部海老の
ぷりぷりゆで餃子
¥539
点心師が包んだ、
エビだけを具材に
した贅沢な水餃子

ヤキ（焼餃子）
365焼き餃子
¥429
トリュフ塩とレモン
＆ブラックペッパー
で食べるのが365流

アゲ（揚餃子）
あつあつ揚げ餃子
¥429
揚げたてアツア
ツ、カリカリの皮
の食感もおいしい

365 GYOZABAR 西口店

さんろくごギョウザバーにしぐちてん

餡・皮からすべて手作りのこだわり店。レシピは
TVチャンピオンの餃子大会にて準優勝したシェ
フによる直伝だ。焼き上がりまで約10分かかると
いうボリューミーさに驚かされること間違いなし！

宇都宮市街 ▶ **MAP** 付録 P.15 D-2

☎028-680-5523 休無休 ⏱17:00～24:00、金・
土曜、祝前日は17:00～翌1:00、日曜、祝日は16:00
～23:00 ♥宇都宮駅前通り2-1-6 USHビル1階
🚶JR宇都宮駅から徒歩5分 Pなし

営業は深夜まで♪
お酒と一緒にカンパイ♪

\餃子によくあう/

オススメドリンク

本日のクラフトビール
¥1,012
店主おすすめのこだわ
りのクラフトビールを
その時どきで楽しめる

ワイン
ハーフサイズ
¥2,068
約グラス3杯分のハー
フボトル。赤・白・ス
パークリングを用意

とちおとめサワー
¥605
栃木県産とちおとめの
自家製ジャムを使った
サワードリンク

ノン
アルコール
ドリンクも
豊富！

仙女花茶
（クラフトティー）
¥1,078円
目で見て楽しめる花茶。
花言葉は「美しい装い」
という一杯をぜひ

BARの人気餃子を味わおう！

ほどよい
酸味が
最高です！

炙りチーズ焼き餃子
（トマトとオリーブソース）
¥539
アツアツとろとろのトマトとチー
ズがもっちり餃子にたっぷり！

hoku
hoku!

香味野菜の
さっぱり感が◎

いただきまー

皮もっちり
中身ぎっしり

DELICIOUS!

パクチー焼き餃子
¥539
濃厚な味わいとパクチーが調和す
る、リピーター多数の一皿

シャキッとした
歯ごたえが
絶品♪

One More！

好吃

手間ひまかけた若鶏の唐揚げ
¥748
ビールに合わせるなら、餃子もい
いけど唐揚げもベストマッチ

食べるラー油とじゃがいもの焼き餃子
¥539
さっと湯がいたじゃがいもに
特製の食べるラー油をオン

餃子を焼くのに10分程度かかるため、箸休めのサラダやアラカルトメニューが豊富。ぜひお試しを♪

Dumpling

焼きたてアツアツ！ 肉汁ジュワ〜

もっと食べたい！人気店の餃子

「年間餃子消費量日本一」の実績通り、市民の餃子愛はゆるぎない！
そんな宇都宮市民に愛される餃子の人気店はこちら。

PARI PARI

おいしさの
ヒミツは
焼きにあり！

野菜多めで後味あっさり
パリッパリの焼き上がり

ジュージュー

Juicy!

昭和33(1958)年開店。宇都宮初の餃子専門店

「やっぱり本店で食べたい」と集うファンがあとを絶たない

みんみん特製
オリジナルの
酢醤油タレで
いただこう

焼餃子（1人前6個）		
¥360		

白菜やキャベツ多めで肉のうまみを引き出し、そのまま食べてもおいしい。酢と醤油にも合う

餃子DATA

モチモチ ―――●―― パリパリ

野菜：肉	7.5：2.5
皮の厚さ	ふつう
にんにく	少なめ

宇都宮みんみん 本店
うつのみやみんみんほんてん

餃子専門店
創業60年

「宇都宮餃子」の代表格ともいえる老舗。焼・揚・水の3種類の餃子が楽しめる。サイドメニューはライスとビールだけだが、餃子にはこれで必要十分。連日大行列の人気店。

宇都宮市街 ▶ **MAP** 付録 P.15 D-1

☎ 028-622-5789　🈺 不定休　🕚 11:00〜20:00　♀ 宇都宮市馬場通り4-2-3　JR宇都宮駅から徒歩15分　🅿 契約駐車場あり（1時間無料）

おみやげにも！

焼きたてをお店でいただくのが一番おすすめだが、冷凍生餃子も購入可能。自宅でもこの味を楽しめる。2人前（12個）¥500〜。

どの店でも冷凍生餃子が用意されていることが多い

シャキシャキ野菜と
モチモチ自家製皮が人気

ONE MORE!

コロンとかわいい
もっちり皮の人気餃子

YUMMY

焼餃子 (5個)	餃子DATA		
¥250		モチモチ ●━━━━ パリパリ	
あんには干し貝柱や自家製合わせ味噌などを混ぜて、味にコクをプラスしている	野菜：肉	7：3	
	皮の厚さ	あつめ	
	にんにく	少なめ	

焼餃子 (5個)	餃子DATA		
¥500		モチモチ ●━━━━ パリパリ	
薄口醤油と国産黒酢を合わせたタレや、マヨネーズ、一味唐辛子と一緒に	野菜：肉	4.8：5.2	
	皮の厚さ	あつめ	
	にんにく	なし	

味一番 餃子専門店 創業60年
あじいちばん

水分多めで作られた弾力のある皮は、先代からのレシピどおり。粗いみじん切りと細かいみじん切りを混ぜたあんの野菜はシャキシャキとした食感で、モチモチの皮との相性も◎。

宇都宮市街 ▶ **MAP** 付録 P.15 D-1

☎028-634-8363 休不定休
🕐11:00 ~ 14:30、17:00 ~ 19:00 📍宇都宮市江野町2-7 🚃東武宇都宮駅から徒歩5分 🅿なし

伝統を守り続け、先代からのファンも通う納得の味に

餃天堂 シンボルロード店 餃子専門店
ぎょうてんどうシンボルロードてん

皮のモチモチとした食感と、丸型のコロンとした形がユニークな餃子専門店。肉多めのジューシーなんで、ほお張れば肉汁があふれ出す。翡翠を模した美しい黄緑色の水餃子もおすすめ。

宇都宮市街 ▶ **MAP** 付録 P.15 D-1

☎028-689-8518 休無休
🕐10:30 ~ 21:30 📍宇都宮市池上町1-11 🚃東武宇都宮駅から徒歩5分 🅿なし

女性一人でも入りやすい店構え。にんにくナシもうれしい

餃子テーマパークで食べ比べしよう

市内に 300 もあるという餃子提供店。
どこに行けばいいか迷ったら、ここへ来れば間違いなし。

食べる

A盛り・B盛り（各10個）各¥750。日替わりで10店舗の餃子がメニューに登場

「来らっせ」のカレー餃子丼¥460。日替わり店舗ゾーンで毎日オーダーOK

Delicious♥

常設店

・宇都宮みんみん
・めんめん
・香蘭
・さつき
・ぎょうざの龍門

来らっせ 本店 きらっせほんてん

宇都宮餃子会加盟店の餃子を、一度に食べ比べできる場所。5店舗の常設店に加え、全37店舗から曜日ごとに10店舗以上が登場する日替わり店舗ゾーンがある。

宇都宮市街 ▶ **MAP** 付録 P.15 D-1

☎028-614-5388 休無休
🕐11:00 ~ 20:30（土・日曜、祝日は ~ 21:00） 📍宇都宮市馬場通り2-3-12 MEGAドン・キホーテ ラパーク宇都宮B1階 🚃東武宇都宮駅から徒歩8分 🅿なし

作る

宇都宮餃子会のベテランスタッフが餃子作りをレクチャーしてくれる。受付は5名～、平日・要予約、¥1,800～

毎年11月第1土曜と翌日曜には「宇都宮餃子祭り」が開催され、会場には人気店が大集合する。

おいしいもの、そろってます！

Cafe&Meal

静かな時間が流れる

石蔵のカフェ&ミート をめぐる

新しいけれど懐かしい。そんなノスタルジックな気分にさせてくれる
大谷石の蔵を改装したお店が市内にはたくさん。優雅なひとときを過ごそう。

人から人へ受け継がれた
時を超える空間で至福タイムを

プリン ¥530
プルンとした食感のプリン。
ドリンクとのセットは¥1,050

焼きカレーハンバーグ ¥1,200
手捏ねのハンバーグに最高級のチーズ
がたっぷり。人気ナンバーワンの一皿

café SAVOIA s-21
カフェサボイアエスにじゅういち

BGMのジャズに耳を傾けながら、ゆっく
りと食事が来るのを待つ。その時間さえ
も大事にしたいと思うほど居心地のよい
築60年の蔵を改装したカフェ。料理も絶
品で、何度でも訪れたくなる名店だ。

宇都宮市街 ▶ **MAP** 付録 P.15 D-1

☎028-666-7860 　休 月・火曜 　🕚11:30～14:30
📍宇都宮市今泉2-8-5 　🚉JR宇都宮駅から徒歩8分
Ｐなし

1.2009年にオープンした同店。店内にはセンスよ
く小物が散りばめられていて、ソファ席の座り心地
もよいのでつい長居してしまいそう　2.店名は飛行
機の名前が由来になっている　3.季節の花々がほ
っこり気分を和ませてくれる　4.ほどよく光が差し
込む窓の前に座れば、さながら映画のワンシーン
のよう　5.1階にはカウンター席を用意　6.JR宇
都宮駅から徒歩圏内だが、ゆったり静かに過ごせ
るのがうれしい

1 昭和初期の石蔵が
カジュアルなビストロに

1.カウンター席に座れば目の前で調理する様子が見られる 2.デザートもすべて手作り 3.大通りから少し奥にある

ランチ ¥3,500
一番人気! 栃木県産ロースステーキをメインとしたコース料理が楽しめる

CUTE!

Bistrante bonheur
ビストランテボヌール

肩肘張らず気軽に鉄板焼きフレンチが楽しめる店。オープンキッチンからただよう芳ばしい香りが食欲をそそる。県内産食材を使ったこだわりの料理を満喫して。

宇都宮市街 ▶**MAP** 付録 P.15 C-1
☎028-624-1114 休日曜 ⏰11:30〜13:30、18:00〜22:00
♀宇都宮市戸祭元町11-11 🚃東武宇都宮駅から徒歩17分 🅿10台

Dining蔵おしゃらく
ダイニングくらおしゃらく

地元の新鮮な野菜を使った創作和食を提供。リピーター多数の店。満席が多いので事前に予約をしておけば安心だ。

宇都宮市街 ▶**MAP** 付録 P.15 C-2 Ⓡ
☎028-638-0409 休月曜 ⏰11:30〜14:00、17:00〜21:00(土・日曜は〜22:00) ♀宇都宮市宮園町8-9 🚃東武宇都宮駅からすぐ 🅿5台

新鮮なお野菜と自慢の料理を

美養箱膳 ¥1,650
おかず8〜9品、メイン、ごはん、スープ、デザート、ドリンク付き

1.場所は松が峰教会すぐ前 2.1・2階ともに、くつろげるテーブル席

象の家 ぞうのいえ

アジアンレストランのカービングに驚き!

タイを中心とした東南アジア料理が自慢。前菜や料理にそえられたカービング野菜は、写真映え間違いなし! オリエンタルな雰囲気とともに堪能しよう。

大谷 **MAP** 付録 P.14 A-2
☎028-652-1422 休月曜(祝日の場合は翌日休) ⏰11:30〜14:00、17:30〜20:00 ♀宇都宮市大谷町1092 🚃JR宇都宮駅から関東バス大谷・立岩行きで27分、大谷橋下車すぐ 🅿10台

Relax♪

シェアランチコース ¥1,500〜
(2名から、価格は1名分)
前菜やカレーがセットのコース。
写真はメイン料理

1・2.昭和30(1955)年に建てられた石蔵を改装 3.ほんのり甘いタイのハーブティー。コース料理に+¥300で提供!

ブータン蕎麦 ¥900
バターが中に入った蕎麦に、ごま油・七味・白髪ネギがたっぷり

悠日 ゆうじつ

本格手打ちそばやランチが人気。ギャラリーとして使われることもあるというだけあり、上質な調度品がそろう。売り切れの場合があるので予約は必須!

宇都宮 ▶**MAP** 付録 P.14 B-4 Ⓡ
☎028-633-6285 休火・水曜(祝日の場合は翌日休) ⏰11:00〜18:00 ♀宇都宮市吉野1-7-10 🚃東武線南宇都宮駅からすぐ 🅿20台

存在感のある石壁と高い天井にうっとり

1.大谷石の倉庫群になっていて、その一角にある 2.オーナーのセンスが光る空間だ

日本最大級の大谷石建築「カトリック松が峰教会」(**MAP** 付録P.15 C-2)も必見。

Cocktail

宇都宮だからこそ行きたい…

今夜は**BAR**でカクテルを

宇都宮市で遊ぶなら、夜からが本番！ 市内には BAR や JAZZBAR があふれていて
今まで知らなかった "大人の夜遊び" が楽しめる。新しい出会いを楽しんじゃおう♪

オンリーワンの
おいしいカクテルを
探しにいこう♪

ウイスキー樽を据えたテーブル席や水石などの
工夫を散りばめた空間。カウンターはさながら
バーテンダーを演者に見立てた舞台のよう

What's カクテルの街？

1980年代にバーテンダーの全国
大会で4期連続宇都宮市から優
勝者が。以来、優秀なバーテン
ダーが集まる街に。「宇都宮カク
テル倶楽部」に33店舗が加盟。

きらめくカクテルの物語に
思いを馳せながらいただこう

店主は名店「パイプのけむり」出身のバーテンダー

宇都宮
OriginalCocktail

33の加盟店で提供している宇都
宮をイメージしたカクテル。価格
は店により異なる

かまがわプロムナード（釜川）
街の中央に流れる「釜川」
がモチーフ

マロニエリーフ（とちの葉）
県木の「栃の木」を連想さ
せるカクテル

ビッグツリー（大いちょう）
市役所前にある「大イチョ
ウ」をイメージ
画像提供：BAR FAKE

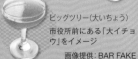

クラシックながらもカジュアルな
雰囲気で、肩肘張らずに過ごせる

BAR YAMANOI
バーヤマノイ

数々の大会受賞歴を持つ山野
井さんが営むクラシックバー。
席の端同士でも会話できる弓
型のカウンターが圧巻。お好
みの一杯をお好みの席で。

宇都宮市街 **MAP** 付録 P.15 D-1
☎028-637-8011 休日曜
🕐18:00〜翌2:00 宇都宮市江野
町2-6 高橋ビル2F JR宇都宮駅
から徒歩15分 Pなし

Special
Cocktail

Green tea

Wine and Brandy

¥1,430
ジュース不使用の
カクテル。「横濱イ
ンターナショナル
カクテルコンペテ
ィション」優秀賞
受賞

¥1,430
ピーチツリーや柑橘類
をベースに「旅立ち」
をイメージした爽やか
な一杯

40年以上続く老舗でにぎやかなひとときを

SPECIAL COCKTAIL

さくらさくら
¥1,300
現社長が世界大会で優勝した作品。さくらの香りが心地よい

パイプのけむり 池上町店
パイプのけむりいけがみちょうてん

バーテンダーの全国大会で数多くの優勝者を輩出した店。カウンター席ほか、テーブル席も充実しているので大勢でも訪れやすい。

宇都宮市街 ▶ **MAP** 付録 P.15 D-1

☎028-635-9281 休 無休 ⏰18:00～翌2:00 ♥宇都宮市池上町2-1 5階 ♥東武宇都宮駅から徒歩5分 P なし ♪

食事がてら飲む人も多い

COCKTAIL

JAZZが聴けるBARへ行こう

1. 食事をしながらジャズを聴ける
2.「パルミジャーノ・レッジャーノのリゾット」¥980
3.「クリスタッセ」¥840

宇都宮はJAZZの街

アルトサックス奏者・渡辺貞夫氏が市民栄誉賞を獲得したことを機にJAZZの街へ。「宇都宮ジャズ協会」があり、現在20店舗が加盟している。

CHEESE

濃厚なチーズを心ゆくまで♡

INDULZ DREAM
インダルスドリーム

昼は土・日曜14:00～17:00の間に、夜は金・土・日曜19:00～23:00の間に生演奏を3回開催する。ミュージックチャージは昼無料、夜¥1,100。大人の時間を過ごそう。

宇都宮 ▶ **MAP** 付録 P.15 C-3

☎028-666-6119 休 火曜（水曜は夜のみ営業）⏰11:30～23:30 ♥宇都宮市東宿郷1-3-9 アーサビル2階 ♥JR宇都宮駅東口から徒歩3分 P 近隣のコインパーキング

 若者向けなBARから隠れ家のようなBARまで、宇都宮市内には50を超える店があるのでお気に入りの一店を探そう。

michi no eki

体験型のスゴイ道の駅

道の駅 うつのみや ろまんちっく村 を満喫

食事におみやげ探し……。でも、それだけじゃない!?
温泉や自然とのふれあいも楽しめる道の駅で、一日たっぷり遊んじゃおう!

常夏のドームはジャングル気分!

Field

多目的体験ドーム「ローズハット」内にある、地域資源"大谷石"を生かした「大谷石Gallery〜無事カエル館〜」では、匠の技から誕生した愛くるしいカエルのオブジェ達がお出迎え。休憩スペースもあり

Healing SPA

ろまんちっく村にある、癒やしの温泉郷「ヴィラ・デ・アグリ」。
天然温泉や温水プールでリラックス&リフレッシュ。

湯処あぐり

露天風呂からは雄大な山並みが望め、四季折々の風景も魅力。

⏰10:00〜20:30
💰大人510円、中学生250円、3歳以上小学生まで200円
※お得なセット券あり。大人1230円、中学生610円、3歳以上小学生まで560円

アグリスパ

水着、スイムキャップを着用の屋内プールや、サウナ等を完備。

⏰10:00〜20:00
💰大人1020円、中学生510円、3歳以上小学生まで460円

道の駅 うつのみや ろまんちっく村

みちのえきうつのみやろまんちっくむら

地元の農産物直売所や、地物の旬の食材を使った料理が楽しめる飲食店を中心に、周囲には体験農場や森遊びができる豊かな自然が広がる。ドッグランや温泉宿泊施設がある滞在体験型ファームパーク。

宇都宮　▶MAP 付録 P.14 A-1

☎028-665-8800　休第2火曜(祝日の場合は翌日休)　⏰8:30〜17:00(土日祝日は〜18:00)、レストラン10:00〜18:00(一部は〜21:00)、入浴施設10:00〜21:00　💰入場無料(入浴施設、各種体験は有料)　📍宇都宮市新里町丙254　🚗東北自動車道宇都宮ICから車で5分　🅿1100台

おいしい食事と楽しいお買い物～♪

UKI UKI

SHOPPING & GOURMET

delicious

新鮮野菜やお菓子にドリンク。迷うのも楽しいおみやげ探しや、
"ここだけ"の味に舌鼓♪ これが道の駅のマストな楽しみ。

あおぞら館

地元の生産者や自社農園で収穫された新鮮な農作物や
加工品、県内外の名産品が並ぶ。

リピートしたくなる
品ぞろえと鮮度

おみやげ
check!

1.栃木らしい個性あふれる味わいを、家でも楽しんで。宇都宮クラフトビール各¥520 2.とちおとめの香りで至福の時間に♪ ルルルンフェイスマスク とちおとめ¥1,760 3.栃木といえばやっぱりこれ! レモン牛乳キーホルダー¥660

村の食堂　畑の台所「麦の楽園」

地元食材を豊富に使った、和洋各種のメニューがそろう。
併設のブルワリーのできたてビールも楽しめる。

Beer!!

1.宇都宮産の麦芽を使ったこだわりビールを醸造 2.地元食材を贅沢に使用し彩も鮮やかな「里山プレート」¥1,680 3.とちおとめのミルフィーユ風、ブルーベリーとクリームチーズのジェラートは各¥480

Experience

ろまんちっく村

LET'S STAY

ヴィラ・デ・アグリ

温泉施設には宿泊棟もある。客室は全室フォレストビュー。園内の食事処では、旬の地場野菜を中心とした料理がいただける。

IN 15:00　OUT 10:00
和6室・洋3室・和洋1室
1泊2食付7690円～

ゆったりとした和洋室は最大8名が宿泊可

NATURE

LET'S GO!!

REFRESH

46ha(東京ドーム10個分)という広大な敷地をもつ道の駅には、森林や体験農場など、自然とふれあえるエリアも。

森のエリア

四季折々の山野草を眺めながら散策路をのんびり歩いて森林浴。春には筍も収穫できる。

EVENT	
4月下旬	筍掘り
9月	花火の打ち上げ

※状況により変動あり

森の中で季節を感じて

里のエリア

誰でも利用できる芝生の広場やドッグラン、農業体験もできる「ろまんちっくファーム」がある。

1.旬野菜の収穫体験も人気 2.にぎわい広場ドッグランで、愛犬ものびのび遊べる。利用条件などはホームページで確認を

115 薪釜で焼くパン焼き体験は、毎週日曜に開催。このほか、そば打ち体験なども随時開催。詳細は電話にて問い合わせを。

那須高原には、森の中のカフェやペンションなど、看板ねこたちとふれあえるスポットが点在。癒やしのドライブに出かけよう。

古民家カフェ/染織工房 yumeya

こみんかカフェ/せんしょくこうぼう ユメヤ

築150年超の古民家をリノベーションしたカフェ。地元産の有機野菜を使ったガレットやカレーなどが楽しめる。陶器や草木染めの展示販売もあり。

那須高原 ▶ **MAP** 付録 P.12 A-1

☎0287-78-3272 🏠水曜、第3木曜（祝日の場合は翌日休）、12〜3月は水・木曜 🕙10:00〜16:00 💴夢屋ブレンド500円 📍那須町高久乙1846-92 🚃JR黒磯駅から車で20分 🅿5台

和の癒やし空間でほっこりカフェタイム

天井が高く開放的な店内。ねこたちは自由に出入り

Relux

おぎんさん

ぬくぬく〜

定位置でくつろぐおぎんさん。一点物の陶器はおみやげに

=3

北温泉旅館

きたおんせんりょかん

江戸安政期・明治・昭和、3世代の建物が長い歴史を物語り、往年の温泉風情を堪能できる宿。映画「テルマエ・ロマエ」のロケ地としても知られる。

那須高原 ▶ **MAP** 付録 P.10 B-1

☎0287-76-2008 🕙IN14:00/OUT10:00、日帰り入浴8:30〜16:30 💴自炊のみ5900円、日帰り入浴大人700円、小人400円 📍那須町湯本151 🚃JR黒磯駅から車で40分 🅿30台

大きな天狗のお面がかけられた「天狗の湯」

まる

秘湯ムードが漂う山懐の一軒宿

もも

ねこたちがいるのは、主にフロントやロビー、休憩室

こんなルートでめぐりました♪

東北自動車道那須IC
↓ 約15分
古民家カフェ yumeya
↓ 約10分
泊 ペンションひみつ基地
↓ 約25分
長楽寺
↓ 約30分
北温泉旅館

ねこはお出かけ中で会えないことも。那須高原の冬季は積雪もあり。スノータイヤやチェーンの用意を忘れずに。

気を付けて来てにゃ

いぬ派もメロメロ♪ 那須高原 ねこドライブ

Let's GO!

いろりでまったり
自然豊かでアットホームな宿

食後のいろりタイムでは、おしること竹酒が振る舞われる

OK!

おじゃましますよ〜

ペンションひみつ基地
ペンションひみつきち

オーナー夫妻と看板ねこたちがもてなしてくれるペンション。夕食の牛しゃぶしゃぶはボリューム満点。渓流沿いの露天風呂ではお銚子のサービスも。

那須高原 ▶ **MAP** 付録 P.10 B-2

☎0287-78-3121 🕐IN15:00/OUT10:00 ¥1泊2食付1万890円〜 📍那須町高久乙1876-78 🚃JR黒磯駅から車で30分 🅿7台

ヨン様

ドアストッパーをしておくと、ねこが部屋に遊びに来てくれる

かあさん

チャッピー

しろた

とらみ

長楽寺
ちょうらくじ

400年ほど前に開かれた真言宗智山派の寺院。住職とねこたちの日常がSNSで話題となり写真集も出版。YouTubeチャンネルも人気で全国からファンが訪れる。

那須高原 ▶ **MAP** 付録 P.13 D-2

☎0287-72-1089 🈑不定休 🕐9:00〜16:00 📍那須町寺子丙1404 🚃JR黒磯駅から車で15分 🅿30台

SNSの大人気！
8匹の"てらねこ"

2023年にリニューアルした御朱印帳
¥3,000

玄関先で参拝客を出迎えるのがねこのおつとめ

SNSでおなじみの住職の朝食風景

わたしもほしいにゃ〜

こーちゃん

キーくん

クロ

ミー子

たーくん

シロくん

まーくん

ひーちゃん

So cute!

栃木県民が愛してやまないローカルフード。終戦直後から庶民に親しまれる懐かしの味や郷土料理など、その奥深さをご堪能あれ。

ジワジワと全国的に知られているものから、「初めまして」のディープな味までご紹介！

わたしが教えます！

うまいもの大好き編集者
Ryuichi Shimizu

ジモト系ドリンク

やっぱりコレでしょ！ **レモン牛乳**

レモンの風味を加えた甘い乳飲料で、実際にはレモン果汁が入っていないのがポイント！

2大レモン牛乳
のみくらべ

YUMMY!

県民が愛してやまない懐かしの味♪

SWEET!

鮮やかな黄色が特徴的で、お菓子を食べているかのような濃厚な甘さがクセになる。

CLEAR!

淡いクリーム色で、スッキリとした甘さと、本物のレモンを思わせる爽やかな後味。

レアものなので見つけたら即買い！

関東・栃木レモン

「レモン牛乳」と呼ばれ県民になじみ深いのがコチラ。関東牛乳が販売していたが2004年に廃業。栃木乳業が製法を受け継ぎ「関東・栃木レモン」として復活。

針谷おいしいレモン

宇都宮発の針谷乳業の商品。流通量が少ないため、栃木県全体での知名度は少し低め。宇都宮市内の一部スーパーのほか、高速道路のSAにあることも。

レモン牛乳のおみやげ

カタチを変えて多彩な商品を展開しているレモン牛乳。ついつい、いろいろ買いたくなっちゃう！

華麗なる変身

must buy!

レモン牛乳まんじゅう
6個入　¥780
宇都宮市内の和菓子店とコラボしたまんじゅう。6個入は牛乳パックをイメージした箱がかわいい

関東・栃木レモン牛乳カレー　¥540
口あたりの良いまろやかなカレーに変身！フルーティでほんのりとレモン牛乳を感じる

食べちゃダメ！

レモン牛乳はココで買えます

レモン牛乳は、JR宇都宮構内のおみやげ店のほか、東北自動車道のSAや道の駅などで販売しています。

見つけるたびにワクワク♪

関東・栃木レモンの香り石鹸　¥324
懐かしく爽やかな甘い香りが広がる石鹸。「おいしそう」と思っても絶対に食べないでね！

取材先で
トリコになった

栃木県民 ジモト愛 ♥ グルメ

ジモト系フード

DEEPなご当地メン

栃木といえば「佐野ラーメン」が有名だけど、県民熱愛ご当地メンがまだまだある! あなたはどのメンがお好き?

¥750

やきそば!

宇都宮焼きそば

古くから焼きそば専門店が多い宇都宮。歯ごたえのある太麺が基本で、卓上ソースで味を調整するスタイルが主流。

テイクアウトOK!

焼きそばをビニール袋に入れ、紙袋で包んでくれる。付属ソースを混ぜて、袋からそのまま食べよう。

WAO!

もっちもちの太麺

いしだややきそばてん
石田屋やきそば店

昭和27(1952)年創業、宇都宮焼きそばの代名詞ともいえる店。もちもち食感の麺をカリッと焼き上げる。自家製ソースをお好みで。

宇都宮市街 ▶ MAP付録 P.15 D-2
☎028-634-6945
休水曜(月1回連休あり)
⏰10:00〜16:00(売り切れ次第終了) ♀宇都宮市中央5-8-9 🚃東武宇都宮駅から徒歩10分 Ｐ4台

濃厚なシャモのコク

栃木しゃもつけそば

コクと旨みが抜群の地鶏「栃木しゃも」を使った、あつあつのつけそば。

なすこうげんせいりゅうのさと
那須高原 清流の里

自家製粉の風味豊かなそばが評判。併設の釣り堀でイワナやニジマスなどを釣って塩焼きにすることもできる。

滝のある釣り堀は水がキレイですがすがしい

那須高原 ▶ MAP付録 P.12 A-1
☎0287-78-0337 休木曜(祝日の場合は営業) 食堂11:00〜16:00
♀那須町高久乙2714-2 🚃JR黒磯駅から関東バス那須湯本方面行きで17分、那須サファリパーク入口下車、徒歩20分 Ｐ70台

ラーメンなのにソース味?!

スープ入り焼きそば

ソース焼きそばに醤油味のスープを加えた、塩原温泉のご当地グルメ。

かまひこ
釜彦

元祖スープ入り焼きそばの店。特製ソースを使った香ばしいスープが具材とよく合い、あとをひくおいしさ。

¥800

塩原 ▶ MAP付録 P.10 A-3
☎0287-32-2560 休不定休
⏰11:00〜15:00(売り切れ次第終了)
♀那須塩原市塩原2611 🚃JR西那須野駅からJRバス塩原温泉行きで45分、終点下車、徒歩10分 Ｐ20台

登場から60年以上愛され続けるメニュー

ACCESS GUIDE 交通ガイド
DEPARTURE
[まずは日光・那須・宇都宮をめざす]

日光

ココだけは おさえたい！ Key Point

◆栃木には空港はないので、首都圏から電車orバスで各エリアに向かう。
◆日光・鬼怒川方面へは、浅草駅や新宿駅から東武鉄道の特急が便利。
◆那須・宇都宮方面へは、東京駅から東北新幹線が主な交通手段になる。

1st STEP — RECOMMENDED ACCESS TO TOKYO まずは東京近郊へ

Origin 出発地	Transportation 交通機関 ✈AIR 🚆TRAIN 🚌BUS	Operation 運行会社	Time to Destination 所要時間 🕐TIME	Normal Fare 通常運賃 ¥PRICE	Frequency 便数
札　幌 SAPPORO ✈	新千歳ー羽田	ANA／JAL／ADO／SKY	1時間40分	¥47,490	毎時2〜7便
仙　台 SENDAI 🚆	仙台ー大宮	はやぶさ	1時間10分	¥10,870	毎時1〜4本
名古屋 NAGOYA 🚆	名古屋ー東京	のぞみ	1時間35分	¥11,300	毎時2〜11本
大　阪 OSAKA 🚆	新大阪ー東京	のぞみ	2時間25分	¥14,720	毎時4〜11本
福　岡 FUKUOKA ✈	福岡ー羽田	ANA／JAL／SKY／SFJ	1時間30分	¥51,850	毎時2〜5便

From Haneda Airport & Tokyo Station 羽田空港＆東京駅から各ターミナルへ

羽田空港 → 京急線快特 → 品川駅 → JR山手線 → 東京駅 40分・¥510 / 上野駅 50分・¥540 / 新宿駅 45分・¥540 / 渋谷駅 40分・¥510

東京駅 → JR山手線 → 上野駅 8分・¥170 / JR中央線 → 新宿駅 14分・¥210 / 地下鉄丸ノ内線・赤坂見附駅・地下鉄銀座線 → 渋谷駅 19分・¥210

RECOMMENDED ACCESS TO NIKKO 東京近郊から日光へ

Origin 出発地	Transportation 交通機関 ✈AIR 🚆TRAIN 🚌BUS	Operation 運行会社	Time to Destination 所要時間 🕐TIME	Normal Fare 通常運賃 ¥PRICE	Frequency 便数
東　京 TOKYO 🚆	東京駅ー宇都宮駅ー日光駅	JR 東北新幹線 「やまびこ」「なすの」／JR日光線	1時間55分	¥5,680	毎時2〜5本
浅　草 ASAKUSA 🚆	浅草駅ー東武日光駅	東武 特急「けごん」「リバティけごん」	1時間55分	¥3,050	毎時1〜2本
		東武 特急「スペーシア X」	1時間50分	¥3,340	1日4本
上　野 UENO 🚆	上野駅ー宇都宮駅ー日光駅	JR 東北新幹線 「なすの」「やまびこ」「つばさ」／JR日光線	1時間45分	¥5,470	毎時1〜5本
新　宿 SHINJUKU 🚆	新宿駅ー東武日光駅	JR・東武直通 特急「スペーシア日光」	1時間55分	¥4,090	1日1本
大　宮 OMIYA 🚆	大宮駅ー東武日光駅	JR・東武直通 特急「スペーシア日光」	1時間25分	¥3,610	1日1本

記載の内容は2024年1月の情報です。ダイヤ改正や運賃改定などにより変更になる場合がありますので、おでかけの際は事前にご確認ください。飛行機の料金は、空港施設等利用料を含むJALの通常期の普通運賃です。他社の運賃は異なります。新幹線の料金は、普通運賃と通常期の普通車指定席特料金の合計金額です。バスの料金は通常期の運賃です。

RECOMMENDED ACCESS TO NASU 東京近郊から那須へ

Origin 出発地	Transportation 交通機関 ✈AIR 🚆TRAIN 🚌BUS	Operation 運行会社	Time to Destination 所要時間 ⏱TIME	Normal Fare 通常運賃 ¥PRICE	Frequency 便数
東 京 TOKYO	🚆 東京駅ー那須塩原駅	JR 東北新幹線「なすの」（一部の「やまびこ」）	1時間10分	¥5,820	毎時1～3本
上 野 UENO	🚆 上野駅ー那須塩原駅	JR 東北新幹線「なすの」（一部の「やまびこ」）	1時間	¥5,610	毎時1～3本
新 宿 SHINJUKU	🚌 バスタ新宿（新宿駅新南口）ー友愛の森（那須高原）ー那須温泉	JRバス関東「那須・塩原号」 ほか	約4時間	¥3,800	1日2便
大 宮 OMIYA	🚆 大宮駅ー那須塩原駅	JR 東北新幹線「なすの」（一部の「やまびこ」）	45分	¥5,280	毎時1～3本

RECOMMENDED ACCESS TO UTSUNOMIYA 東京近郊から宇都宮へ

Origin 出発地	Transportation 交通機関 ✈AIR 🚆TRAIN 🚌BUS	Operation 運行会社	Time to Destination 所要時間 ⏱TIME	Normal Fare 通常運賃 ¥PRICE	Frequency 便数
東 京 TOKYO	🚆 東京駅ー宇都宮駅	JR 東北新幹線「やまびこ」「なすの」	50分	¥4,820	毎時2～4本
	🚆 東京駅ー宇都宮駅	JR 宇都宮線（上野東京ライン）	1時間55分	¥1,980	毎時1～3本
新 宿 SHINJUKU	🚆 新宿駅ー宇都宮駅	JR 宇都宮線（湘南新宿ライン）	1時間40分	¥1,980	毎時1～2本

FOR DEPARTURE
★ TRAVEL TIPS ★ MOVED BY CAR
車でめざすなら

A 東京方面・川口JCT → 日光
（東北自動車道・日光宇都宮道路経由）

東京方面からは川口JCTを通って東北自動車道へ。約100km走り、宇都宮ICで日光宇都宮道路に入る。約25km進むと日光IC。
約128km・¥3,530

B 東京方面・川口JCT → 那須
（東北自動車道経由）

東京方面からは川口JCTを通って東北自動車道へ。那須高原の中心部なら、約150km走った那須ICが一番近い。ETC搭載車なら、その先の那須高原SAのスマートICを利用すると那須どうぶつ王国などに至近。
・那須ICまで153km・¥4,100
・那須高原スマートICまで161km・¥4,260

C 東京方面・川口JCT → 宇都宮
（東北自動車道経由）

東京方面からは川口JCTを通って東北自動車道へ。宇都宮市街地へは、宇都宮ICのひとつ手前、鹿沼ICが便利。鹿沼ICを降りたら約12km走ると宇都宮IC。市街地へは、県道6号を利用。
約92km・¥2,820

FOR DEPARTURE
★ TRAVEL TIPS ★ ENJOY YOUR TRIP
お得なチケットをチェック！

〈デジタルチケットでおトクな日光旅を楽しもう！〉

NIKKO MaaS

東武鉄道が提供するスマートフォン専用サイト。鉄道・バスをセットにしたお得なデジタルチケットのほか、EV・PHVカーシェアリングやシェアサイクル、EVバスなどの環境にやさしい交通手段と、歴史・文化施設などの拝観・入場チケット、ネイチャーアクティビティなどの観光コンテンツをワンストップで利用でき、スマートフォンから簡単に、検索・予約・決済が可能。

デジタル日光世界遺産 フリーパス	デジタル鬼怒川温泉 フリーパス
値 段：浅草駅発 ¥2,500	値 段：浅草駅発 ¥2,500
有効期間：2日間	有効期間：2日間

RESERVATION & CONTACT
✈ 予約をするなら

Ⓡ RESERVATION…予約　Ⓒ CONTACT…問い合わせ

●飛行機
Ⓡ Ⓒ ANA（全日空）　☎0570-029-222
Ⓡ Ⓒ JAL（日本航空）　☎0570-025-071

●鉄道
Ⓒ JR東海テレフォンセンター　☎050-3772-3910
Ⓒ JR東日本お問い合わせセンター　☎050-2016-1600

●バス
Ⓒ JRバス関東高速バス案内センター　☎0570-04-8905
Ⓡ Ⓒ 東急高速バス座席センター　☎03-6413-8109
Ⓒ 関越交通お客さまセンター　☎0279-23-3855

ACCESS GUIDE 交通ガイド
ARRIVAL

[日光・那須・宇都宮に着いたらどう動く？]

ARRIVAL
NIKKO,NASU
UTSUNOMIYA

ココだけは おさえたい！ Key Point

◆エリア間の移動は電車&バスだと本数が少なく時間がかかるため、車がおすすめ。

◆公共交通機関を利用する場合、バス移動が多くなるので、時刻の確認はマスト。

◆冬季は氷点下になる場所もあるので、車で移動する場合は、スタッドレスタイヤは必須。

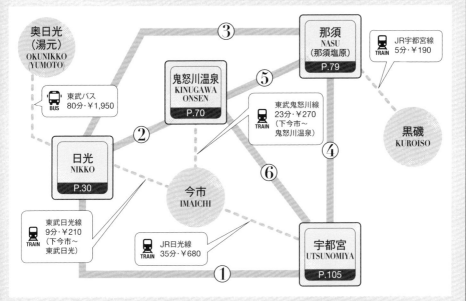

奥日光（湯元）
OKUNIKKO
(YUMOTO)

③

那須
NASU
（那須塩原）
P.79

🚆 JR宇都宮線
TRAIN 5分・¥190

鬼怒川温泉
KINUGAWA
ONSEN
P.70

⑤

🚌 東武バス
BUS 80分・¥1,950

🚆 東武鬼怒川線
TRAIN 23分・¥270
（下今市〜
鬼怒川温泉）

②

黒磯
KUROISO

日光
NIKKO
P.30

④

⑥

今市
IMAICHI

🚆 東武日光線
TRAIN 9分・¥210
（下今市〜
東武日光）

🚆 JR日光線
TRAIN 35分・¥680

宇都宮
UTSUNOMIYA
P.105

①

① 宇都宮→日光　　UTSUNOMIYA→NIKKO

🚆 TRAIN	電車	40分・¥770
	▶宇都宮駅→（JR日光線）→日光駅	
	▶毎時1〜2本	

🚗 CAR	クルマ（レンタカー）	45分・¥420
	▶宇都宮駅→（国道119号・日光宇都宮道路・県道14号）→日光駅	

日光へ行く P.30

RENT・A・CAR レンタカーを借りる

エリア間の移動は車が最も便利。マイカーを持っていない場合は、東京または現地でレンタカーを借りよう。日光なら東武日光駅前、那須高原なら那須塩原駅前に各社のレンタカー営業所がそろっている。また、宇都宮駅周辺にも営業所があるので、宇都宮駅を起点に日光・那須を周遊するのも手だ。料金は基本料金が時間制で、24時間以降は1日単位。事前予約が望ましいが、直前でも予約を受け付けてもらえる場合も。借りる営業所と返す営業所は同じでなくてもよいが、その場合は乗り捨て料金が必要になる。駅レンタカーであれば、JRのきっぷとセットでお得になる「レール&レンタカー」がおすすめ。

★ TRAVEL TIPS ★
お得なきっぷを活用！ *FOR ARRIVAL*

＼ 日光駅から日光山内の散策に便利！ ／
世界遺産めぐり手形

日光の社寺を効率よくまわるなら、JR日光駅・東武日光駅から表参道を抜け、日光山内を反時計回りに巡回して駅に戻る「世界遺産めぐりバス」が便利。「世界遺産めぐり手形」を購入すると、このバスが1日乗り放題になる。

料金：¥600

＼ 那須高原をぐるっとめぐるなら ／
観光周遊1DAYパス

那須高原観光周遊バスは、那須高原友愛の森発着で、那須高原の主要レジャースポットを結ぶ巡回バス。フリーパスは、新那須を除く各バス停の施設で購入でき、1日乗り放題になる。

料金：大人・小学生共通 ¥1,500

＼ 宇都宮市内で餃子を食べ歩くなら ／
ぎょうざ食べ歩ききっぷ

宇都宮市内を循環する「きぶな」の1日乗り放題と、宇都宮餃子会加盟店舗のいずれか1店舗で使える餃子食べ歩き券（¥300）がセットになった乗車券。「きぶな」単体なら、運賃定額で1回乗車¥190で乗車できる。

料金▶¥700／販売：関東自動車宇都宮駅前定期乗車券センター／場所：JR宇都宮駅西口から徒歩1分、リッチモンドホテル横／電話：028-634-4182

MOVING IS TRAVELING
移動も旅の楽しみ♪ *FOR ARRIVAL*

東武鬼怒川線下今市駅～鬼怒川温泉駅を約35分、東武日光線下今市駅～東武日光駅を約20分で走行するSL。2路線全区間乗車しても1410円と気軽にSLレトロ旅が楽しめる。日によって本数やダイヤが異なるので事前予約が◎。

運転情報 料金▶区間乗車券のほかに座席指定券（2路線とも区間内一律で各760円、2路線全区間乗車のは1080円）が必要。運行日＆本数▶1日最大4往復（詳細はHPで確認を）予約方法▶SLは全席指定。乗車日の1か月前から東武鉄道各駅などで発売。HPからの予約も可能

日光
へ行く
P.30

③ 那須塩原→日光　NASUSHIOBARA→NIKKO

🚃 **電車**　　　　　　　　　1時間10分・¥2,570
▶那須塩原駅→（東北新幹線）→宇都宮駅→（JR日光線）→日光駅
▶毎時1～5本
▶料金は新幹線の自由席を利用した場合

🚗 **クルマ（レンタカー）**　　　1時間・¥1,730
▶那須塩原駅→（県道55号・東北自動車道・日光宇都宮道路・県道14号）→日光駅

那須塩原
へ行く
P.79

④ 宇都宮→那須塩原　UTSUNOMIYA→NASUSHIOBARA

🚃 **電車**　　　　　　　　　14分・¥1,740
▶宇都宮駅→（東北新幹線）→那須塩原駅
▶毎時1～3本
▶料金は新幹線の自由席を利用した場合

🚗 **クルマ（レンタカー）**　　1時間10分・¥1,310
▶宇都宮駅→（国道119号→東北自動車道→国道400号→県道55号）→那須塩原駅

鬼怒川温泉
へ行く

② 日光→鬼怒川温泉　NIKKO→KINUGAWAONSEN

🚃 **電車**　　　　　　　　　38分・¥330
▶東武日光駅→（東武日光線）→下今市駅→（東武鬼怒川線）→鬼怒川温泉駅
▶毎時1～2本

🚗 **クルマ（レンタカー）**　　　　　25分
▶日光駅→（県道248号・国道121号）→鬼怒川温泉駅

⑤ 那須塩原→鬼怒川温泉　NASUSHIOBARA→KINUGAWAONSEN

🚗 **クルマ（レンタカー）**　　　1時間5分
▶那須塩原駅→（国道4号・国道461号・県道77号・国道121号）→鬼怒川温泉駅

P.70

⑥ 宇都宮→鬼怒川温泉　UTSUNOMIYA→KINUGAWAONSEN

🚗 **クルマ（レンタカー）**　　　　　55分
▶宇都宮駅→（国道119号・県道279号・国道121号）→鬼怒川温泉駅

●Discovery ●Gourmet ●Shopping ●Healing ●Experience

Special Thanks

Thank you!

COLOR✛PLUS
カラープラス

日光 那須 宇都宮

Director
昭文社編集部

Editor
くらしたび(志水竜一)、
町紗耶香、竹内友美、和田知子、
鷲巣友発、松浦伸之、村松高志

Editorial staff
ニューキャスト(横井友香、松尾理慧、
中川結記乃、葉柴優理恵、大脇莉奈)

Photogragh
しずおかオンライン(森島吉直)、
廣瀬貴礼、村松高志、原田尚則、
PIXTA

Art direction
GRAPHIC WAVE

Design
ARENSKI

Model
高柳茉鈴、亀山誌乃

Cover design
ARENSKI(本木陽子)

Character design
shino

Map design
yデザイン研究所(山賀貞治)

Map
田川企画(田川英信)

DTP
ニューキャスト
ヒカミ写真製版

Proofreading
三和オー・エフ・イー
五十嵐重寛

Special thanks to
関係各市町村観光課
観光協会
関係諸施設
取材ご協力の皆さん

2024年4月1日 2版1刷発行
発行人 川村哲也
発行所 昭文社

本社:〒102-8238 東京都千代田区麹町3-1

☎0570-002060(ナビダイヤル)
IP電話などをご利用の場合は ☎03-3556-8132
※平日9:00〜17:00(年末年始、弊社休業日を除く)
ホームページ:http://www.mapple.co.jp

See you
next trip!

Enjoy seeing,talking,and hearing.
NIKKO&NASU!

COLOR✛PLUS

NIKKO NASU
UTSUNOMIYA

グッドモーニング！

今日はナニスル？

#那須高原 #雲海　≫P.96

#江戸村　≫P.26

#動物 #キュート　≫P.94

#高原ドリンク　≫P.80

#座禅体験　≫P.38